JN044930

ISSN1882-0670

比較経営研究 第44号

日本比較経営学会 編

Japan Association for
the Comparative Studies
of Management

持続可能な社会と企業経営

地域からみたSDGs

文理閣

巻頭言

　2015年9月25日、国連総会において「我々の世界を変革する: 持続可能な開発のための2030アジェンダ」と題する決議が全会一致で採択され、2030年までに17の持続可能な開発目標（Sustainable Development Goals: SDGs）と169のターゲットを達成することが提起された。

　SDGsは、地球規模での貧困や飢餓、ジェンダーやマイノリティの差別、基本的人権や労働権の侵害、さらには、地球温暖化をはじめとする地球環境の危機、これらの人類が直面している課題を政府、企業、市民団体、地域住民が協力して解決しようとすることを提起したものである。

　しかしながら、SDGsには、批判されるべき問題も含まれていることを認識しておく必要がある。

　第1の問題は、SDGsは、経済（成長）、社会（人権・労働）、環境（保全）の三側面のバランスないしは均衡論の上に成り立っていることである。経済優先ではないかという疑問も提出され、いいとこ取りになっているのではないかとも批判されている。今日、求められているのは、環境と社会を優先させることではないか。スウェーデンの高校生、グレタさんが実践した「飛び恥」（Fly Shame）は温暖化防止の必要性を私たちに訴えたのである。

　第2の問題は、SDGsが経済のグローバリゼーションを推進することになるのではないかという危惧である。グローバリゼーションが格差を生み出し、国内では産業空洞化・地域経済の悪化を引き起こしているのである。

　このように積極的な意義を持つと同時に克服すべき問題点を抱えているSDGsを分析することは、比較経営を通じて批判的な立場から経営の実際を研究しようとする当学会にとっても、取り組むべきテーマであった。

　本書は、「持続可能な社会と企業経営―地域からみたSDGs（持続可能な開発目標）―」を統一テーマに、2019年5月10日から12日に徳島文理大学で開催した日本比較経営学会第44回大会での統一論題報告とシンポジウム

および自由論題報告に基づく論稿と関連書籍の書評を収載したものである。

　統一論題報告に基づく論稿は、海外と国内に関わる論稿各2本である。

　海外では、バングラデシュに関する論稿は、同国の繊維産業の女性労働がグローバル経済に組み込まれていることを、現地での調査に基づいて詳細に分析している。ネパールに関する論稿は、大学のゼミナール生と指導教授が同国で数年間行なった教育支援活動を社会的企業の観点からまとめたものである。国内の2本の論稿は、中小企業が果たす役割を地域経済循環の観点から分析した論稿と分散型システムとしての再生可能エネルギー問題を分析した論稿である。

　「徳島からSDGsを考える」というテーマで行われたシンポジウムに関する論稿は、人口減少と高齢化および過疎化を背景に発生している「買物難民問題」ないしは「買物弱者問題」に取り組んでいる企業（「キョウエイ」と「とくし丸」）の実際と地域連携における大学の役割を扱っている。シンポジストとして有益なご報告を頂いたキョウエイの小久見正人、Tサポートの村上稔および四国大学の峪口有香子の各氏に厚く感謝したい。

　第44回大会の開催に当たって、尽力された大会実行委員長の斎藤敦徳島文理大学教授に感謝申し上げるとともに、学生スタッフ、とくに阿波踊りを披露していただいたサークルの皆さんにもお礼申し上げたい。活発な討論で熱くなった頭脳をほぐしてくれた一服の清涼剤であった。

　最後に、編集作業に当たられた機関誌編集委員長の鈴木由紀子日本大学教授の労を多とするとともに、出版事情が厳しい中、機関誌の市販化に理解をいただいている文理閣および、いつもながら丁寧に編集を担当されている同社編集部の山下信氏にお礼申し上げる。

2020年2月29日

日本比較経営学会

理事長　桜井　徹

目　　次

論文

研究ノート

書評

特集によせて

持続可能な社会と企業経営
——地域からみたSDGs（持続可能な開発目標）——

プログラム委員会　日高克平・國島弘行

　社会と企業の持続可能な関係について地域社会との関連で探求したい、ということが第44回大会の統一テーマの主旨である。本学会においても、これまで企業と社会のあり方についてさまざまな分析を試みてきたが、SDGsに代表されるような持続可能な社会をめざす企業経営のあり方をめぐって、持続可能な地域社会との関連で分析を試みたい。

　ヒト・モノ・カネが世界を自由に移動する、現在の「グローバリゼーション」は、世界金融危機をもたらし、大きな岐路に立っている。国連人権専門家グループは、「環太平洋戦略的経済連携協定（TPP：the Trans-Pacific Partnership)」や二国間投資条約等の自由貿易投資協定の内容は、国家に投資家への保護を強化させ、国民の人権への保護・促進を弱体化させ、「人びとの生命、食糧、水、衛生、健康、住居、教育、科学、労働基準、環境などの人権保障に多面的かつ深刻な悪影響をもたらしうる」と警告する。ヒト・モノ・カネのグローバル循環を自由化し、促進することが、世界の「持続可能な開発」を阻害しており、その規制の必要性を指摘しているのである。他方で、「持続可能な開発」のための、ヒト・モノ・カネの地域内循環を促す「ローカリゼーション」という「もう一つのグローバリゼーション」が注目されてきている。

　1980年代後半、多くの途上国で、市場経済メカニズムに基づく民営化や緊縮財政等の「構造調整政策」による開発手法が採用され、貧困等の生活

条件が悪化し、「持続可能な開発（Sustainable Development）」に対する関心が高まった。「持続可能な開発」という概念は、元ノルウェー首相ブルントラントが委員長を務めた「環境と開発に関する世界委員会」1987年報告書『われら共有の未来（Our Common Future）』によって、「持続可能な開発とは、将来の世代が自らの欲求を充足する能力を損なうことなく、今日の世代の欲求を満たすような発展」と定義された。つまり、持続可能な社会発展論は、単なる経済成長路線や経済至上主義から脱却し、環境や貧困の問題を包括的に解消し、富の不平等な分配の是正と公正な社会の実現をめざすことを目標とするものである。

　1995年の世界社会開発サミットでは、人間中心の社会開発をめざし、世界の絶対的貧困を半減させるという目標が掲げられた。1996年には、日本が提案した「国際開発目標（IDGs：International Development Goals）」が採択され、そこでも2015年までに極度の貧困（1日1ドル25セント未満）や飢餓人口の割合を半減させるという目標が掲げられた。

　2000年9月、147の国家元首を含む180の加盟国代表が出席して「国連ミレニアム・サミット」がニューヨークで開催され、21世紀の国家目標としての「国連ミレニアム宣言」が採択された。このミレニアム宣言は、平和と安全、開発と貧困、環境、人権とグッドガバナンス（良い統治）、アフリカ固有のニーズ等を課題として掲げ、21世紀の国連の役割について明確な方向性を示した。このような動きの中で、国連は、「ミレニアム開発目標（Millennium Development Goals：MDGs）」を2001年に策定し、開発途上国での極度の貧困比率や飢餓人口比率等が改善し、男女、最貧困層と最富裕層、都市部と農村部の深刻な格差、気候変動と紛争の問題、および8億人前後の極貧・飢餓人口等が課題として残されていると2015年に報告した。

　その後継目標として、「持続可能な開発目標（Sustainable Development Goals：SDGs）」が2015年9月国連サミットで「持続可能な開発のための2030アジェンダ」において採択された。SDGsは、先進国を含む国際社会全体における2030年までの開発目標で、包括的な17の目標（細分化された169のターゲット）を掲げ、すべてのステークホルダー（先進国、途上国、民間企業、NGO、有識者等）及びすべての人が、グローバル、地域、

国、ローカルレベルでのマルチ・レベル・ガバナンスによって取り組むべき課題として提案された。この新アジェンダの歴史的意義は、「21世紀における人間と地球の憲章」であり、「われら人民」（国連憲章）である「人々の、人々による、人々のためのアジェンダ」であると宣言している。

　他方で、ILOは2008年金融危機を受けて、「金融主導のグローバリゼーション」を「さまざまな新しい金融商品と投機機会から生まれる短期的な利益が呼び物となり、生産的経済から富を吸いあげる」と批判した。そして、十分な収入・労働条件、労働権、社会保障、社会的対話等を保障する「ディーセント・ワーク」（人間として当然＝ディーセントな仕事）を世界のすべての人に提供する「公正なグローバリゼーション」への転換を提起した。そのために、各国には、「頼みの綱の浪費家」であるアメリカへの輸出依存から脱却し、「裕福でない人々の購買力を高め」、「国内需要と雇用創出投資を促進」する内発的発展を求めた。そのような状況のなかで、地域社会と持続可能な企業のあり方が議論されてきているのである。

　本大会においては、広範囲な領域を含むSDGsの現状を分析・評価し、人間の尊厳・人権を尊重する持続可能な社会を、持続可能な地域と企業のあり方や取り組みとの関連で議論した。

（ひだか　かっぺい／中央大学）

（くにしま　ひろゆき／創価大学）

持続可能な生産と女性の人権

——南アジア（バングラデシュ、インド）の縫製労働者の事例から——

長　田　華　子

1. はじめに—目的と課題

　ジェンダー平等の実現と女性・女児の能力強化は、すべての目標とターゲットにおける進展において死活的に重要な貢献をするものである。人類の潜在力の開花と持続可能な開発の達成は、人類の半数に上る（女性）の権利と機会が否定されている間は達成することができない。女性と女児は、質の高い教育、経済的資源への公平なアクセス、また、あらゆるレベルでの政治参加、雇用、リーダーシップ、意思決定において男性と同等の機会を享受するべきである。我々は、ジェンダー・ギャップを縮めるための投資を顕著に増加するために努力するとともに国、地域及びグローバルの各レベルにおいてジェンダー平等と女性の能力強化を推進する組織への支援を強化する。女性と女児に対するあらゆる形態の暴力は男性及び男子の参加も得てこれを廃絶していく。新たなアジェンダの実施において、ジェンダーの視点をシステマティックに主流化していくことは不可欠である。

　　　　　『我々の世界を変革する：持続可能な開発のための2030の
　　　　　アジェンダ』20（ジェンダー）（外務省仮訳）

　冒頭の引用は、「国連持続可能な開発サミット」の成果文章として採択された『我々の世界を変革する：持続可能な開発のための2030のアジェン

ダ』（UN 2015）のパラグラフ20（ジェンダー）の全文である。この引用文が示す通り、17の持続可能な開発目標と169の関連するターゲットを実現する上で、ジェンダー平等の実現と女性・女児の能力強化は極めて重要であり、女性の権利と機会が否定されている状況において、持続可能な開発は達成できないという強いメッセージが込められている。17の持続可能な開発目標の中で、ジェンダー平等の達成と女性・女児の能力強化は目標5に単独で取り上げられるのみならず、多くの目標とターゲットの中でも言及され、横断的な優先事項として位置付けられる。

　本論文の目的は、17の持続可能な開発目標の中で、特に、持続可能な生産に焦点を当て、女性の人権の尊重という観点から、その実現を検討するものである。具体的には、南アジア（バングラデシュ、インド西ベンガル州）の縫製労働者の事例を参照しながら、持続可能な生産の実現には、労働現場におけるジェンダー平等の達成、縫製労働者の大半を占める女性の人権の尊重が不可欠であることを指摘する。

　バングラデシュは、中国に次ぐ世界第2位の衣料品輸出国として知られるように、その縫製産業は輸出指向的である。縫製品はバングラデシュの総輸出額の8割以上[1]を占め、外貨獲得の一翼を担う。大半の縫製工場では、裁断、縫製、洗い、品質検査、出荷に至るまでのすべての生産工程を完備しており、豊富に存在する低賃金労働力を大量に雇い、安価な衣料品を大量生産する。欧米、日本をはじめとする先進国のアパレル企業がバングラデシュに生産委託する理由はこの点にある。主な生産品目は低廉なシャツやズボン、セーターなどであり、その多くは欧米、日本などに輸出される。縫製工場の数は4621軒（2018年時点）、労働者数は500万人に上り、その内の8割は女性である（長田2018）。大半の女性は、縫製工場での縫製労働者（ミシンのオペレーター）あるいは補助労働者（オペレーターの補助役）として就労する。

　一方、インド西ベンガル州（コルカタの縫製クラスター）の縫製産業は、輸出比率は低く、その生産高の92％はインド国内市場向けである（AEPC 2009）。西ベンガル州はインドの他州に比べて、歴史的にメリヤス産業に強く、現在でも主要な生産品目はメリヤス、特に下着や子供服である（長

5

田2017：395-396）。多くの縫製工場は、洗い、裁断、縫製、刺繍など、生産工程ごとに分断されており、バングラデシュにみられるような全生産工程を完備した一貫生産型の工場は限定的である。各工場の規模は小さく、工場当たりの生産量も少ない。また最終商品として完成するまでにいくつもの工場を経る必要があり、こうした点は、輸出向けの生産には不向きである一方、国内市場向けの安価な商品の生産には適しており、現在でもこうした生産体制が機能している。工場内の縫製工員には男性が多いが、2018年11月及び2019年8月に筆者が実施した現地調査によれば、女性たちの多くは、その下請け業務を家庭内で担っている。インドの縫製および繊維産業には、500万人以上の家内労働者がいると推計されている（Chen and Sinha 2016: 19）。

　バングラデシュ、インド西ベンガル州の縫製産業には、上記のように業態や生産システムに差異がみられるものの、双方に共通するのは、第1に、輸出向け、国内市場向けを問わず、低価格の商品を生産していること、第2に、低価格であるにもかかわらずその生産は多工程に分断され、多くの人手を要すること、第3に、商品の生産・労働過程をたどれば、そこには多くの女性労働力が充当されていることである。

　本論文では、筆者による、バングラデシュ（輸出市場型）、インド西ベンガル州（国内市場型）における調査に基づきながら、安価な商品の生産・労働過程においてどのようにして女性労働力が充当されているか、そして女性たちはどのような環境の中でこうした労働に従事しているのかを明らかにする。インドの事例では、家内労働者の実態を紹介しながら、彼女たちがなぜ工場ではなく、家内労働の仕事を選択するのか、その背景について論じる。また、縫製工場労働者、家内労働者を問わず、女性たちは縫製の仕事に加えて家庭内における無償のケア・家事労働の大半を担っており、自ずと女性たちに長時間の労働を強いる。両国の事例を通じて、低価格の商品の生産・労働過程において、女性労働力の充当は不可欠であること、また低価格の商品が、ジェンダー不平等な労働条件に加えて、労働者の人権、とりわけ女性の人権が著しく損なわれた雇用環境のもとで生産されていることを指摘する。

　しかし、ジェンダー不平等にもとづく生産システムが持続可能でないことは、2013年4月にバングラデシュの首都ダッカ近郊で起こったラナ・プラザの崩落事故が示すとおりであり、持続可能な生産への転換は言うまでもない。本論文は、そのために何をすべきか、冒頭に記したジェンダー平等、女性・女児の能力強化、女性の人権の尊重という観点からその処方箋を提起する。続く、第2節では、持続可能な開発目標における女性の人権、ジェンダー平等の位置づけとその評価について論じる。第3節では、本論文の分析の枠組みとして新国際分業と労働力の女性化について記述する。第4節ではバングラデシュの事例を、5節ではインド西ベンガル州の事例を検討し、本論文の結論（第6節）とする。

2．女性の人権、ジェンダー平等と持続可能な開発目標

　持続可能な開発目標（以下、SDGsと省略）[2]は、2015年9月の国連総会で採択された「持続可能な開発のための2030アジェンダ」に記載された国際目標である。17のゴール、169のターゲット、244（重複を除くと232）の指標から成り、2030年をその期限としている。SDGsは、2001年に策定されたミレニアム開発目標（以下、MDGsと省略）の後継目標であり、基本的な路線は、MDGsを引き継いでいる。その一方で、SDGsの5つの特徴、すなわち、「普遍性：（先進国を含めて、すべての国が行動）」、「包摂性：（人間の安全保障の理念を反映し「誰一人取り残さない」）」、「参画型：（全てのステークホルダーが役割を）」、「統合性：（社会・経済・環境に統合的に取り組む）」、「透明性：（定期的にフォローアップ）」（外務省、2019）として知られるように、MDGsではその実施対象や理念、取り組むべき課題などが限定的であったことの反省が、SDGsではより踏まえられた格好となった。

　SDGsに対するフェミニストやジェンダー研究者からの評価もまた、MDGsと比べて総じて高い。英文雑誌 *Gender and Development*[3] は24巻1号（2016年刊行）でSDGsを特集し、9本の論文を掲載したが、MDGsと比較してSDGsをおおむね評価する論調が目立つ（Esquivel and Sweetman 2016,

Razavi 2016, Fukuda- Parr 2016等）[4]。例えば、Fukuda － Parr（2016: 47-48）は、SDGsはMDGsと目的、概念、政治的（プロセス）の点で異なるのみならず、ジェンダーの視点から見ても、その扱う範囲が「より広く」（border）かつ、「より潜在的な変革の可能性を有する」（potentially more transformative）とSDGsを評価する。具体的には、女性の人権を含む人権概念を尊重することを優先事項として挙げていること、ジェンダー平等として、単独の目標として掲げられている目標5には、暴力や有害な慣行の撤廃、無償のケア・家事労働といった、従来のMDGsにはなかった項目が加わり、ジェンダー平等や女性のエンパワーメントを多面的にとらえていること、そして他の目標、ターゲットにもジェンダー課題を反映していることなどを指摘する。

　ADB・UN Women(2018)は、アジア太平洋地域の事例を用いて、ジェンダー平等や女性の人権の尊重がSDGsを達成するための前提条件であることを強調する。SDGsは、目標5に加えて、SDGs全体を通じてジェンダー主流化をすすめる、ツイントラック・アプローチを通じてジェンダー平等の達成に努める（ADB・UN Women 2018: 25）。その上で、ジェンダー平等の推進は、SDGsの進展において「触媒的な効果（catalytic effect）」をもたらすと指摘し、その中でも重要な4つの政策領域を具体的に取り上げる。4つの政策領域とは、①性と生殖に関する健康・権利の実現、②無償のケア・家事労働の認識、削減、再配分、③女性・女児に対する暴力の廃絶、④気候変動の影響からの強靭性（レジリエンス）の構築と災害リスク削減のための女性のエンパワーメントである。いずれも、ジェンダー不平等に起因する問題群であり、他の持続可能な開発目標と密接に関連する。例えば、本論文との関連で指摘すれば、アジア太平洋地域において女性が無償のケア・家事労働の大半を担っており、これが女性の経済的なエンパワーメントを実現する上で重大な制約になっていると警鐘を鳴らす。無償のケア・家事労働への取り組みは、ターゲット5.4に言及されているほか、その実現は、例えば、貧困、飢餓の撲滅（目標1と2）につながるのみならず、より良い健康や福祉、教育機会へのアクセスの向上も期待される（目標3と4）。さらには、ディーセント・ワークと経済成長（目標8）、不平等

の是正（目標10）など多くの目標の実現に寄与するという。これが「触媒的な効果」が意味するところといえよう。

　なお、SDGs の女性の人権概念やジェンダー平等は、女子差別撤廃条約[5)] および北京行動綱領[6)] によっていることから（ADB・UN Women 2018: 26, Esquivel and Sweetman 2016: 3）、本論文における概念規定もそれに従う。

3. 新国際分業と「労働力の女性化」

　新国際分業とは、従来先進諸国に集中していた製造工業が大規模に途上諸国、周辺諸地域に移転・再配置され、途上国での輸出指向型工業化による世界市場向け商品の生産が可能になった状況を意味する。Folker Fröbel、Jürgen Heinrichs、Otto Kreye らのグループは、ドイツ資本の国際的展開をもとに理論化し、新国際分業の発生は資本蓄積の諸条件の質的変化の結果であるとして、以下の3点を指摘した（フレーベル 1982 = 1991: 131-135）。すなわち、第1に世界的規模でほとんど無尽蔵の潜在的労働力の貯水池が形成されたこと、第2に生産技術革新により、複雑な工程が低賃金の不熟練労働者でも可能なほどに単純・複数工程に分割されたこと、第3に運輸・通信・データ処理技術の発展により、時間的・空間的制約からの解放が可能になったことである（Fröbel, Heinrichs and Kreye 1980: 13-14）。この3つの条件が1960年代末から70年代初頭にかけて「フル・セット」で同時に出現したことにより、新しい国際分業体制が生まれた（室井 1995: 33）。新国際分業体制のもとで、新しい立地、すなわち途上諸国でつくられるのは低価格の製品であり、織物や衣服、皮革や履物、機械や電気機械機器産業などの諸部門で見られる（フレーベル 1982 = 1991: 100）。

　新国際分業における労働力の充当の過程を分析すれば、多様な労働の分割と結合として把握され、その実態はフェミニスト研究者らによって精力的に研究されてきた。例えば、Diane Elson と Ruth Pearson（1981=1987）は世界市場向け工場で働く圧倒的多数が歳の若い女性であることを指摘し、その理由として女性の方が男性に比べて賃金が低く、かつ賃金が低いにもかかわらず女性の方が、高い生産性を発揮する点を指摘した（Elson and

Pearson 1981=1987: 9-10)。女性の低賃金は、女性は「未熟練」であるという、雇用主の「偏見」に基づく女性の未熟練労働への充当化、女性は家計の副次的な担い手であるとするジェンダー規範などによって説明される（Benería, Berik and Floro 2016: 115）。さらには、輸出加工区の工場にみられる種々の政策、例えば、女性に対してしかるべき技術訓練の機会を付与しない、あるいは女性に労働組合に参加する権利を与えないなどによって、低賃金化は助長される。一方、女性たちは、結婚、出産を機に雇用から離れるため（彼女たちが自発的に辞めていくため、「解雇」という違法性には当たらない）、雇用期間は一時的かつ短く、このことが彼女たちにより高い生産性を発揮させる。（若い）女性ゆえの従順さや工場の指針に従うといったジェンダー規範もまた、生産性の高さに結びつく。

　Guy Standing（1989, 1999）は、1960年代末から70年代にかけてのグローバリゼーションの進展のもとで、途上諸国のみならず世界中で、女性が有償の労働に従事する機会が劇的に高まった現象を、労働（力）の「グローバルな女性化（Global Feminization）」と表現した。Standing（1989, 1999）は、「女性化」に2つの意味を付与する。1つは、労働力に占める女性比率の増大、すなわち量の点での「女性化」であり、もう1つが、その雇用の特徴が「不安定」かつ「脆弱」であること、すなわち質の点での「女性化」である。

　Benería, Berik and Floro（2016: 115）は、製造業の労働力の女性化の特徴の1つとして、特に輸出部門では、そのリスクと順応性（flexibility）を理由に、グローバル・サプライチェーンのより下層に位置づけられたインフォーマル労働や家内労働に従事する女性労働に依存する点を挙げる。家内労働者（homeworkerあるいはhome-based worker）とは企業（多くの場合はその下請け）の注文に応じて、企業が支給する原材料を用いて家庭内で生産に従事する労働者を指す（UN Women 2018: 9）。賃金は通常出来高払いである。原材料を自己調達し、販売網を自己管理する自営の家内労働者（self-employed home-based worker）とは異なる。

　図1は、WIEGO（Women in Informal Employment Globalizing and Organizing）[7]が、インフォーマル雇用の階層性を賃金と貧困リスクの要素を組み

込んで図示したものである。雇い主（例えば労働法の適用外の工場所有者）、インフォーマルな賃金労働者の中の正規労働者（上述の工場所有者の下で働く月給制の労働者）は、インフォーマル雇用の中で、より賃金が高く、貧困リスクが低く、この雇用形態には男性が圧倒的に多い。他方で、階層の最底辺に位置づけられる無償の家事労働者に加えて、内職者・家内労働者には、女性が多い。平均賃金が低く、貧困リスクは高い。このように、家内労働者は極めてジェンダー化されており、その大半は女性である（UN Women 2018: 8）。特に、南アジアではその傾向が顕著であり、そこには当該社会におけるジェンダー規範が影響する。例えば、女性の家庭の外での自由な移動の制約、女性に対する無償のケア・家事労働の不均衡な偏りなどである。家内労働者の多くが、家庭内のケア・家事責任を遂行することに加えて、貧困ゆえに収入源を確保することの二重の役割を他の世帯

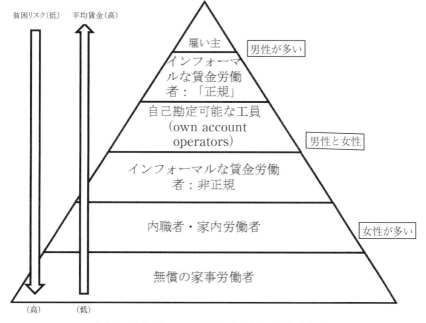

図1　インフォーマル雇用の WIEGO モデル

出所：Chen, Martha Alter, "The Informal Economy: Definitions, Theories and Policies", WIEGO Working Paper, No.1 August 2012, p.9.

構成員から期待される。その両者を同時に叶えられる仕事が家内労働である。

　家内労働者はサプライチェーンの中に不公平な条件で組み込まれる一方で、企業は彼女たちをサプライチェーンの中に組み込むことで恩恵を被る（UN Women 2018: 8）。具体的には、家内労働者への発注量は、常に市場の需要の変動に左右され、企業はそのリスクを労働者に負わせることができること、また本来企業側が支払うべき生産コスト（例えば設備費用や電気代、通勤代など）を家内労働者に転化できること、さらには家内労働者の中には、機械化できない特殊な技術を請け負う者もおり、企業は家内労働者に委託することにより、こうした特殊な技能を「安価」で「安易」に手に入れることができるなどである。また、家内労働者はディーセント・ワーク[8]が提唱する4つの戦略目標（仕事の創出、社会的保護の拡充、社会的対話の推進、仕事における権利の保障）のいずれもを欠いており、常に貧困のリスクに直面している。本論文では、輸出向け縫製工場における女性労働の実態をバングラデシュの事例（グローバル・サプライチェーン）として、国内市場の生産における女性労働（特に、家内労働者）の実態をインドの事例（ドメスティック・サプライチェーン）として、それぞれ検討する。

4．バングラデシュの事例—グローバル・サプライチェーンにおける女性労働

（1）日系縫製工場におけるショートパンツ生産と女性労働力

　筆者は、2009年6月から2012年8月まで、株式会社マツオカコーポレーションのバングラデシュ工場を調査対象として、工場内の組織や日本向け低価格のショートパンツの生産・労働過程、さらには労働者の世帯内の実態を調査した[9]。マツオカコーポレーションは、1956年創業、広島県福山市に本社を置くアパレル商品の受託製造企業である。1999年に、広島県府中市上下町にあった製造工場を閉鎖して以降は、すべての受託商品を中国、ミャンマー、バングラデシュ、ベトナム、インドネシアの自社工場で製造

している。マツオカコーポレーションにとって、バングラデシュは、中国、ミャンマー、フィリピン（2008年3月閉鎖）、アメリカ（閉鎖）に次いで5番目の進出国であり、ポストチャイナの一拠点として位置付けられる。調査工場は、2008年3月に、マツオカコーポレーションが首都ダッカ近郊に自社開設したマツオカアパレルである。

　マツオカアパレルの概要は以下のとおり（すべて調査時点）である。マツオカアパレルは、マツオカコーポレーションの中国（子会社）工場とバングラデシュ資本との合弁工場である（資本比率は7:3）。設立当初から欧

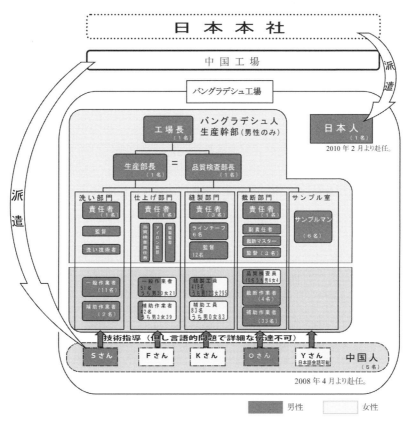

図2　バングラデシュ工場（マツオカアパレル）の企業組織

出所：2010年2月調査に基づき、筆者作成。

米系、日系の大手小売り企業やショッピングセンターからの委託生産が大半を占め、主に低価格のパンツを生産する。2010年2月の調査時点で、6階建ての近代的な建物に、約800人（内、7割が女性）のバングラデシュ人労働者を雇用し、6つの生産ラインで120万点の商品を生産する。使用する生地や付属品は中国子会社工場を通じて企業内取引する。

　図2は、マツオカアパレルの工場内の企業組織を示したものである。工場長、生産部長/品質検査部長、各部門の責任者、監督職に従事するのは、全員バングラデシュ人男性であり、約800人のバングラデシュ人労働者の内7割を女性が占めているにもかかわらず、前述した生産幹部の職位に従事する女性は一人もいない。女性は全員現業労働力として就労し、その大半は縫製部門の縫製労働者または補助労働者である。マツオカアパレルの企業組織はジェンダー非対称な特徴をもつ。

　ジェンダー非対称な企業組織は何を意味するのか。図3は、縫製階を事例に、職位とジェンダー別に労働力配置を図示したものである。生産幹部の職位に従事する男性に、労働力の采配や賃金査定の権限が与えられており、すべての女性労働者の賃金は男性の査定評価によって決まる。2010年2月に、低価格のショートパンツの縫製工程に従事する労働者73人（前パンツレーン16人、後ろパンツレーン28人、合わせレーン29人）のジェンダー、年齢、学歴、就労年数、縫製工場経験年数と月収を調査し、その関係を分析したところ、各ラインに数人いる高度な技術を有するバングラデシュ人女性労働者を除いて、残りの膨大な数の女性労働者の査定評価は恣意的であり、ここに低賃金化の淵源があると考えられる[10]。また女性には監督以上の職位への昇進昇格の機会が付与されず、管理職のみに与えられる中国への研修制度の機会は、女性は対象外となっている。男性管理職からの叱責、業務遂行の強要は、ジェンダーに基づく権力の非対称性として指摘できる。

　低価格のショートパンツの生産工程を調査すれば、縫製工程だけでも66工程あり、その多くを女性が担う。バングラデシュの縫製工場では、往々にして、1人の縫製労働者が1工程を担当し、難度の高い工程には、補助労働者が縫製労働者の作業を手伝うため、1枚のショートパンツを生産する

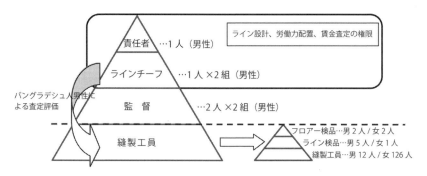

図3　縫製階の労働力配置（3階の事例）

出所：2010年2月および5月調査に基づき、筆者作成。

のに、約70人の人手（その大半が女性）を要する。このように多くの人手を要しているにもかかわらず、販売価格990円として1枚のショートパンツを生産することが出来ていることから判断しても、現業労働力として働く女性たちの賃金額の低さが見て取れる。しかし、彼女たちは、その賃金を自身の同居世帯の家計支出に用いるのみならず、同居家族以外の親や親族世帯、特に、既婚者の場合には配偶者家族へ送金する。22歳の未婚女性は、残業代を含めて約3000タカ（約4000円）の給料の内、2000タカを実家の両親に送金しているように、給料の大半を実家の両親に送金する事例もある。また24歳の既婚女性は、病身の配偶者と2人の娘と居住するが、配偶者は在宅療養中で、本人の月収3500タカ（約4700円）が世帯の全収入である。彼女の肩には、一家の稼ぎ手（娘2人の学費、配偶者の治療代、生活費）、2人の娘たちの世話、病身の配偶者の介護と三重の責任がのしかかる。大半の女性、特に既婚女性は、午前8時から午後5時、残業があれば午後7時までの工場労働に加えて、家庭内での無償のケア・家事労働の多くを担っている。女性労働者の生活時間を聞き取れば、早朝5時ごろに起床し、深夜に就寝し、その間有償・無償の労働に従事し、休息・娯楽の時間はほとんどない状況である。

（2）縫製女性労働者に対する暴力—工場内、家庭内、公的空間

　バングラデシュの縫製工場で働く女性の暴力に関する報告は、近年でも

後を絶たない（Siddiqi 2003, Paul-Majumder and Begum 2006, Naved, Rahman, Willan, Jewkes and Gibbs 2018）。暴力は、工場の中だけでなく、家庭内や公的空間（特に自宅から工場までの路上）にまで及ぶ。Naved et al.（2018: 154）によれば、工場内での暴力は、経済的、感情的、身体的、性的の4つの形態に分類され、その内経済的、感情的暴力は日常的に行われるという[11]。一方で、性暴力は報告されないケースも多く、その内実は見えにくい。

　Siddiqi（2003: 6）は、バングラデシュの輸出加工区内の縫製工場と加工区外の縫製工場、電化製品の製造工場の3つのパターンの女性労働者を対象にセクシャルハラスメントの実態調査を行った。それによれば工場の規模が小さく、輸出加工区外の縫製工場で、セクシャルハラスメントの事例が最も多く、輸出加工区外の縫製工場で実施される夜間業務は、性的暴行やレイプのリスクを常に伴うという。また賃金の未払いが発生している工場や福利厚生制度が限られている工場で働く女性ほど、権力を行使する男性の要求に屈するようなプレッシャーが働く。

　一方で、家庭内では配偶者や義理の母親からの暴力（特に、経済的暴力[12]）が、公的空間では地元の客引きや警官などによるハラスメントに加え、盗難、レイプなどがある（Naved et al. 2018: 152-154, Siddiqi 2003: 6）。こうした性的な暴力の最も根源的な原因は、バングラデシュ社会全体におけるジェンダーに基づく権力関係の非対称性にある（Siddiqi 2003）。

（3）健康被害と生命の危険を伴う重大事故―劣悪な労働環境とラナ・プラザの崩落事故

　バングラデシュの縫製工場の労働環境は劣悪である。それに伴う労働者の健康被害は後を絶たない。縫製労働者が罹りやすい病気として知られるのは、頭痛や足腰の痛み、貧血などに加えて、眼の痛み、下痢、赤痢、尿路感染症、性感染症などである。縫製労働者の場合、その罹病率は男性に比べて女性の方が高いと言われる（Paul-Majumder and Begum 2006: 112-121）。その理由は、縫製工場の女性労働者の多くが出産適齢期に当たり、過酷な労働状況がより彼女たちの身体に負の影響をもたらすこと、ジェン

ダーにもとづく職階や職種の違いに起因すること（例えば、大半の女性は縫製労働者（ミシンのオペレーター）であり、彼女たちには昼食の休憩以外には決まった休みを与えられず、一日中座り仕事をしトイレに行くことも制限されるなど）、女性は工場労働に加えて家庭内のケア・家事労働にも多くの時間を割いており、男性に比べて睡眠、休息、娯楽時間が極めて少ないこと、当該地域の社会規範ゆえ女性の食糧摂取量が著しく低いことなどが指摘される。

　こうした健康被害に加えて、バングラデシュの縫製工場では、生命を脅かす重大な事故もたびたび起こっている。2013年4月24日に首都ダッカ近郊で起こったラナ・プラザのビル崩落事故はその1つである。8階建てのビルは商業用であったにもかかわらず、5つの縫製工場が入っており、また上位4階部分は適切な許可なく建て増しされていた。こうしたことが影響し、一瞬にして崩落した（Saxena 2019: 2）。死者数は1137人に上り、その多くは縫製女性労働者であったと考えられる[13]。崩落した建物の中から欧米の大手アパレル企業のタグが発見され、また被害が甚大であったことも影響し、世界的に注目された。事故後、バングラデシュ政府、ILOをはじめとする国際機関、先進国政府、海外アパレル企業は、縫製工場の労働環境の改善に取り組んだが、近年、研究者の中でその実状を多角的に検証し、その限界を指摘する者もいる（C. Huq 2019, Siddiqi 2019, R. Huq 2019, Rahman 2019等）[14]。また、Kabeer（2019: 245-248）は、ラナ・プラザの事故以降に欧米アパレル企業を中心に結成したAccordやAllianceのような企業ベースのCSRモデルは、それらが意図していなかった波及効果[15]をもたらしたと一定程度評価する。その一方で、ラナ・プラザの事故後も変わらない事実としてあるのが、グローバルなサプライチェーンにおける非対象な関係性（主：海外アパレル企業、従：バングラデシュ工場）だという。ラナ・プラザ以降、海外アパレル企業はバングラデシュの縫製工場に対して、さらに厳しい納期と安い生産コストを強要し続けており、非対象な関係性とはこうした状況を示している。現に、ラナ・プラザの崩落事故後も、低価格の衣料品への需要は根強く、バングラデシュの縫製品の輸出額、工場の数はともに増加し続けている[16]。

5. インド西ベンガル州の事例—ドメスティック・ サプライチェーンにおける女性労働

（1）インド国内市場向け男性用下着の生産過程

　インド国内で販売される下着生産にも多数の女性労働者が従事している。本論文では、筆者が西ベンガル州 Purba (East) Medinipur 県 Kolaghat で、2018年11月18日〜12月1日及び2019年8月12日〜24日に行った2度の調査に基づいて、その下着生産の過程と女性労働力の充当化、そして女性たちの労働実態を明らかにする[17]。

　Bengal Hosiery Tailor's Association の Kolaghat 事務所の代表 Ganesh Kandar 氏に対する聞き取り調査によれば、調査地域の Kolaghat には、2005年以降、西ベンガル州の州都コルカタから縫製工場が移転しはじめ、調査工場の位置する10km範囲内に約500軒の縫製工場が立地し、約5000人が就労している[18]。もともと1985年頃から、Kolaghat 周辺に居住する男性労働者が仕事を求めてコルカタに出稼ぎに行き、コルカタに乱立していた縫製工場（多くはメリヤスの男性用下着生産）で就労していた。しかし2005年前後からコルカタの工場の賃料が上がったこと、また労働力確保と労賃削減を理由に、出稼ぎの男性労働者が自身の出身県である Kolaghat に戻り、縫製工場を開設した。調査対象工場を含む対象地域に立地する縫製工場のほぼすべてで、インド国内市場で消費される男性用のメリヤス下着を生産している。そのほとんどは労働法の適用外の未登録工場で、労働者数は12〜15人程度である。各縫製工場では、縫製、アイロン、袋詰めまでの工程を担い、その前後の生地の裁断と発送作業は、各工場を束ねる取りまとめ工場がその役割を担う。縫製工場の労働者（ミシンのオペレーター、アイロン係、袋詰め作業者）の多くは、調査対象地域に居住する男性（各工場の中には、周辺地域に居住する男性が数人程度、含まれる事例がある）であり、バングラデシュの事例と異なり、女性は限りなく少ない。前述の Kandar 氏によれば、調査対象地域に居住する女性のうち縫製業に従事する女性の約95％は家内労働者だという。

　調査工場では、インド西ベンガル州の大手下着メーカーの男性用下着を
下請け生産する。生産規模は、日産1200枚（男性用下着のみを生産）、工
場の労働者数は、男性9人、女性5人である。労働法の適用外の未登録工
場であり、工場の労働環境は極めて悪い。

　調査対象の男性用下着の販売価格は、1枚88ルピー（約140円）である。
表1は、この男性用の下着の生産過程と各工程の12枚当たりの賃金額を示
したものである。これによれば、男性用下着の生産工程は11工程あり、基
本的には1人1工程を担当する[19]。これに加えて、調査対象工場では、2人
の家内労働者（いずれも女性）が、11工程に加えて4回の糸切作業の工程
を担う。同工場の場合、家内労働者の賃金額は12枚当たり2.6ルピー（約
4.1円）である。表1の工程1から11までの労働者賃金と2人の家内労働者
の賃金額を合計した生産価格（12枚当たり）は61.7ルピーであり、1枚あ
たりに換算すると生産価格はわずか5ルピー（約8円）である。労働者へ
の賃金支払いは、週ベースで行われ、生産量に応じた出来高払いである。
現地の家内労働者からは、"no work no pay"（現地言語のベンガル語では

表1　下着の生産過程と12枚当たりの賃金額

	賃金（12枚/ルピー）	作業工程後の糸切作業
工程 1: ポケット	1.5	○
工程 2: オーバーロック	10.5	○
工程 3: 裏	6.0	
工程 4: 裾	4.0	○
工程 5: オーバーロック	（第2工程との合計額）	
工程 6: 後ろ	7.5	○
工程 7: 胴まわり	8.5	
工程 8: ラベル縫い付け	4.5	
工程 9:（工場内）糸切作業	3.5	
工程10: アイロン	6.5	
工程11: 包装	4.0	

　出所：2018年11月調査に基づき、筆者作成。

なく英語で共有される）という言葉が合言葉のように聞かれ、仕事がなければ賃金が支払われないという状況は広く労働者の間に知られている。年に1度、総生産量の10％分がボーナスとして労働者に支払われるが、家内女性労働者にインタビューすれば、生産量がその都度変動するため、ボーナスの支払いを実感することはほとんどないという。

（2）女性労働力の充当化とその労働実態─家内労働者を事例に

　男性用下着生産に要する11の生産工程の作業の合間に糸切り作業の工程が4回入り、この作業を家内労働者が担う。調査工場においてこの作業を担っているのは、2人の既婚女性（MさんとNさん）である。Mさんは29歳、Nさんは22歳と若く、2人とも子育て世代である。Mさんは、塗装会社勤務の配偶者と11歳の息子と、Nさんは、縫製工場の縫製工員である配偶者と3歳半の息子、舅姑と同居する。MさんとNさんは義理の姉妹関係にあり、義理の両親の持家で居住する。彼女たちの自宅は、工場と通りを挟んではす向かいにある。前述したように、11工程の合間に4回の糸切作業工程を担うが、そのたびに各自が自宅で作業する分量を工場から自宅に運び、作業が終わり次第、再び工場に運ぶことを繰り返す。

　2人の賃金は出来高払いであり、生産枚数の多寡が彼女たちの収入を左右する。調査時点の2人の賃金は、12枚につき2.6ルピー（1ルピー＝約1.59円）である。1枚の下着生産において、家内労働者が担う糸切り作業の工程は4回あり、このことから考えても、家内労働者の賃金がその作業量に比していかに安いかが分かる。月換算で、家内労働者の賃金は1500ルピーから2000ルピーであり、縫製工場の女性労働者の月額賃金5000ルピーと比べてはるかに低い。なお、出来高賃金は、勤続年数に応じて多少増額するが、生産枚数によって賃金額は変化するため、2人によれば長期間継続しても賃金額に大きな変化を感じることはないという。

　2人の家内労働者に対する聞き取り調査によれば、彼女たちが工場ではなく、家内の仕事を選択する理由には、配偶者の意向が強く影響していることが明らかである。工場で働けば家事や子どもの世話がおろそかになるとして、彼女たちが工場で働くことを配偶者が許さないという。その一方

で、配偶者の収入だけでは家計を維持できず、彼女たちは、家庭内で家事や子どもの世話をしながら、収入を得ることのできる家内労働の仕事を選択する。2人とも配偶者に自身の収入のすべてを渡し、世帯収入や支出に関する状況をほとんど把握していない。こうした状況から、世帯内における女性の意思決定の権限が低いことが推察される。2人とも学歴はクラス10までであり、その後すぐに結婚した。結婚と出産を前後してMさんは家内労働歴10年、Nさんのそれは6年である。2人とも縫製工場をはじめ、家庭の外での就労経験はない。

　家内労働者は、工場での縫製労働者とは異なり、勤務時間が決まっておらず、自身の裁量で働くことができる一方、無償のケア・家事労働をしながら家内労働を行っている。特に、子供が乳幼児の場合には、子供が寝ている脇で糸切作業をするなど、無償のケア・家事労働と有償の家内労働を同時にこなしている状況を観察できる。無償のケア・家事責任が、女性に家内労働を選択するようにと向かわせる。前述のように、家内労働者は縫製工場で働く女性に比べて、賃金が低く、より「脆弱」である。特に、配偶者が病気になり多額の医療費を必要とするなどの不測の事態が生じると、女性本人の収入では生計を立てることが困難になり、突如として貧困に陥る。

6．おわりに—女性の人権の保障と持続可能な生産の実現のために

　本論文では、バングラデシュとインド西ベンガル州の2つの事例を通じて、安価な商品の生産・労働過程において、どのようにして女性労働力が充当されているか、そして女性たちはどのような環境の中でこうした労働に従事しているのか、その実態を明らかにした。

　グローバル・サプライチェーンの事例としたバングラデシュの縫製産業の場合、企業組織はジェンダー非対称であり、そのことが女性労働者の低賃金化を生じさせ、さらには昇進昇格の機会をも付与されない状況を作り出す。また、縫製工場で働く女性に対する暴力は近年でも後を絶たず、女

性に対する重大な人権侵害が今なお続いている。ラナ・プラザの崩落事故にみられるような「人災」は、その根底に潜むグローバル価値連鎖の中の非対称な関係性が解消されない限りは、解決の道は開かれない。

　他方、ドメスティック・サプライチェーンの事例としたインド西ベンガル州の縫製産業の場合、多くの家内女性労働者が、糸切作業といえども、低価格の下着を生産するために不可欠な工程を担っている。家内女性たちは、縫製工場の中で就労する労働者（女性も含む）に比べて賃金ははるかに低い。本論文で指摘したように、男性用下着を生産する11工程の中で家内労働者が担う糸切作業は4回繰り返され、その作業量は膨大であるが、作業量に見合った賃金が支払われているとは言い難い。家内労働者の賃金の低さは、世帯内における女性の意思決定の権限にも影響する。本論文では、家内労働者たちは、有償・無償の労働をはじめとする大半の時間を家庭内で費やしているにもかかわらず、彼女たちが家計の状況についてほとんど知らない状況を指摘した。また、無償のケア・家事責任が女性たちを家内労働へと向かわせることも論じた。家内労働者の賃金の低さや関連する女性の権限の低さは、家内女性労働者の「脆弱性」を改めて浮き彫りにする。

　以上のように、バングラデシュ、インド西ベンガル州の2つの事例を見れば、現行の生産システムが、労働現場におけるジェンダー不平等、女性の人権が著しく損なわれた状況に基づいており、将来世代にわたる持続可能な生産には程遠いことを指し示す。

　それでは、持続可能な生産の実現のためには、何をなすべきか。まず、「国連グローバル・コンパクト」[20] や「ビジネスと人権に関する指導原則」[21]、「OECD多国籍企業行動指針」[22]、「子供の権利とビジネス原則」[23] といった国際的な原則の遵守やその取り組みへの参加は言うまでもない。いずれも法的拘束力はなく、各国、各地域、各企業や団体の努力義務とされており、その対応は十分とはいえない[24]。労働者の人権の尊重とその保護は、持続可能な生産にとって不可欠であり、企業が負うべき最低限の責任といえよう。

　しかし、こうした国際的な原則の遵守やそれに対する取り組みだけでは十分ではないことは、本論文が指摘した通りである。ジェンダー平等の推進、女性の人権の尊重という観点から言えば、上記に加えて、次の5点の

取り組みが不可欠だろう。

　第1に、労働現場におけるジェンダー平等の推進である。具体的には、ジェンダー平等な企業組織への転換、特に、バングラデシュの日系縫製工場の事例で指摘したように、生産幹部職へ女性を登用すること、意思決定部門の職位に女性を参画させることである。また女性労働者に対する技術訓練の機会や教育機会を付与することも重要であろう。第2に、工場内、家庭内そして、その他の公的空間でのあらゆる形態の暴力の根絶とそれを許さない社会づくりが求められる。第3に、ディーセントな雇用の創出である。インド西ベンガル州における家内労働者の実状は、ディーセント・ワークが提唱する4つの戦略目標のいずれも欠いており、極めて「脆弱」である。家内労働者の置かれている労働問題が解決されない限りは、持続可能な生産の実現には程遠い。第4に、家内労働者をはじめ全ての労働者に対して最低賃金のみならず生活賃金を保障することである[25]。本論文が指摘したように、家内労働者の賃金はその仕事量に比してはるかに低い。インド西ベンガル州で筆者が聞き取りをしたほとんどの家内労働者の賃金は単身女性と子どもの生活水準を下回る。グローバル企業、インドやバングラデシュをはじめとする地場企業ともに、家内労働者を含めた全ての労働者に対して「まっとうな」生活賃金の支払いを保障することが求められる。最後に、本論文で紹介したADB・UN Women（2018）が重視する、女性たちが担う無償労働の認識、削減、再配分を進めることである。女性に対する不均衡な無償労働の偏りは、女性のディーセントな雇用のみならず、福祉や教育機会へのアクセスを阻むとともに女性の健康にも悪影響をもたらす。生活時間調査をはじめとするジェンダー統計の整備と活用（Antonopoulos and Hirway 2010）、そしていかにその実状を企業の生産活動へ反映し、女性労働者の労働環境の整備に生かすかが重要だろう。

　持続可能な生産は持続可能な消費と表裏一体であり、持続可能な生産の実現には、持続可能な消費の推進が鍵を握る。Kabeer（2019）は、我々消費者に向けて、グローバル・サプライチェーンの中のバングラデシュやインドの労働環境の劣悪さに焦点を当てて、そこだけを問題視する（結果として不買運動に向かわせる）「スポットライト（spotlight）」的視点から、こ

うした労働環境を作り出すその背景（例えば、資本主義市場経済の仕組み）に光を当てるような「フラッドライト（flood light)」的なアプローチで問題を把握し、解決策を考える必要性を説く。低価格の衣料品の作り手の人権、その大半は女性であり、女性の人権を最優先にした生産体制の再構築がいかに可能か、そのことを考えるときに来ているといえよう。

注

1）　BGMEAのウェブサイトによれば、2018年度現在で、総輸出額に占める縫製品の割合は84.21％である。参照URLは以下の通り。
http://www.bgmea.com.bd/home/pages/tradeinformation（最終閲覧日：2019年9月24日）

2）　近年、SDGsに関する日本語の書籍は多数出版されている。例えば、田中・三宅・湯本編著（2016）、蟹江編著（2017）、高柳・大橋編（2018）やSDGを企業の取り組みとしていかに取り入れるかという視点からの関（2018）などがある。

3）　女性の人権やジェンダー平等に関する開発政策や実践のための国際雑誌。英国に本部を置く、国際協力団体オックスファム（Oxfam）が、学術出版社Routledge/ Taylor and Francisと提携し25年間にわたり刊行している。Gender and Developmentの公式ウェブサイト参照。URLは以下の通り。
https://www.genderanddevelopment.org/（最終閲覧日：2019年9月24日）。

4）　日本語文献で、女性の人権やジェンダー平等との関連でSDGsを議論したものとしてアジア女性資料センター編（2015）がある。

5）　正式名称「女子に対するあらゆる形態の差別の撤廃に関する条約」（Convention on the Elimination of All Forms of Discrimination against Women: CEDAW）。男女の完全な平等の達成に貢献することを目的とし、女子に対するあらゆる差別を撤廃することを基本理念に1979年第34回国連総会にて採択、1981年発効した条約。日本は1985年に締結。条約全文（日本語訳）は、内閣府男女共同参画局ウェブサイト等に掲載。URLは以下の通り。
http://www.gender.go.jp/international/int_kaigi/int_teppai/joyaku.html（最終閲覧日：2019年9月24日）。

6）　1995年9月に北京で開催された第4回世界女性会議で、「北京宣言」とともに採択された文章。「北京宣言」と「北京行動綱領」の採択は、平等・開発・平和の達成に向けた国際公約を果たすとともに、女性の権利を人権としたという点で、女性の地位向上への取り組みを加速させる分岐点となったといわれる。日本の「男女共同参画社会基本法」の策定にも大きく寄与した。全文（総理府仮訳）は内閣府男女共同参画局ウェブサイトに掲載。URLは以下の通り。
http://www.gender.go.jp/international/int_norm/int_4th_kodo/index.html（最終閲覧

日：2019年9月24日）。

7）インフォーマル労働に従事する女性の生活向上を目的に、その実態調査や政策提言などを行う非営利組織。公式URLは以下の通り。https://www.wiego.org/（最終閲覧日：2019年9月24日）。

8）「働きがいのある人間らしい仕事」を意味する。1999年の第87回ILO総会で、当時の事務局長であったファン・ソマビア氏の報告で最初に用いられたもの。その後、「全ての人にディーセント・ワーク：Decent Work for All」としてILOの活動の主目的として位置付けられている。

9）本項の内容の詳細については長田（2014）を参照。なお、企業概要や調査結果はすべて調査時点のものである。

10）労働者に関する全データは長田（2014）第5章及び第6章を参照。

11）たくさんの仕事量を強制的に押し付ける、生産スピードを挙げるように怒鳴り声を挙げる、罵声を浴びせるなどが、経済的、感情的暴力の事例として挙げられる（Naved et al. 2018）。

12）Naved et al.(2018)によれば、夫や義理の母親などが、女性労働者に対して稼いだ賃金をすべて手渡すように強要するケースなどが該当する。こうした行為は、女性の移動や世帯内の意志決定の行使を制約するとも指摘する。

13）崩落前からビルには大きな亀裂が入っており、警察は事件前日に、翌日の操業中止を勧告した。しかし、5つの縫製工場だけが、その勧告を無視して事件当日も操業したといわれている。

14）例えば、C. Huq（2019）は、事故後3週間余りで、欧州系企業を中心に締結したAccord（the Accord on Fire and Building Safety in Bangladesh：バングラデシュ火災・建物安全合意）の効果の限界を詳述している。

15）波及効果とは、労働者がより高い賃金を企業に求めること、労働者会議を設置すること、労働法や行動規範に関して労働者がより多くのことを知ろうとすることなどである（Kabeer 2019: 246）。

16）ラナ・プラザの崩落事故の前年度から2018年度までの縫製品輸出額と縫製工場の数の推移は以下の通り。いずれもデータはBGMEAウェブサイトによる。輸出額：2012年度：215億1573万ドル、2013年度：244億9188万ドル、2014年度：254億9140万ドル、2015年度280億9416万ドル、2016年度：281億4984万ドル、2017年度：306億1476万ドル、2018年度：341億3327万ドル。工場数：2012年度：5876軒、2013年度：4222軒、2014年度：4296軒、2015年度：4328軒、2016年度：4482軒、2017年度：4560軒、2018年度4621軒。参照URLは以下の通り。http://www.bgmea.com.bd/home/pages/tradeinformation（最終閲覧日：2019年9月24日）。

17）本論文での記述は主に、2018年11月調査によっている。なお、調査は、科研費基盤研究（A）（海外学術）「南アジアの産業発展と日系企業のグローバル生

産ネットワーク」（代表者：佐藤隆広）、及び科研費若手研究「「労働力の女性化」再考―バングラデシュとインドにおける縫製女性労働者の事例から」（代表者：長田華子）により遂行した。2018年11月調査は予備調査の位置づけで行ったものであり、今後2019年8月調査の結果を踏まえ、実態の解明をすすめる予定である。

18) 2019年8月調査により、1970年代以降から現在までの同地域の歴史的変遷を明らかにしている。いかにして同地域が巨大下着生産の拠点になったか興味深い。これらの点については、別稿に譲る。

19) 工程数や労働者の担当体制は工場によって若干異なることが、2019年8月調査により明らかである。

20) 1999年に世界経済フォーラムで当時の国連事務総長のコフィー・アナンが提言した原則。国連が人権、労働、環境、腐敗防止にまたがる4つの分野の10の原則を、企業や団体に対して自発的に実践することを求めたもの。具体的な内容はグローバル・コンパクト・ネットワーク・ジャパンのウェブサイトに詳しい。参照URLは以下の通り。http://www.ungcjn.org/index.html（最終閲覧日：2019年9月24日）。

21) 国際政治学者のジョン・ジェラルド・ラギーが、2005年に当時の国連事務総長であったコフィー・アナンからの指名を受けて2011年に取りまとめた原則。Ⅰ.人権を保護する国家の義務、Ⅱ.人権を尊重する企業の責任、Ⅲ.救済へのアクセスの3部、31の原則から構成される。原則ができるまでの経緯と意義についてはRuggie (2013=2014) に記されている。なお、「ビジネスと人権に関する指導原則：国際連合「保護、尊重及び救済」枠組み実施のために」（日本語訳）は国際連合広報センターのウェブサイトで閲覧可。参照URLは以下の通り。https://www.unic.or.jp/texts_audiovisual/resolutions_reports/hr_council/ga_regular_session/3404/（最終閲覧日：2019年9月24日）

22) 1976年に、OECDが行動指針参加国の多国籍企業に対して責任ある行動を自主的にとるよう勧告した指針。これまで5回（1979年、1984年、1991年、2000年、2011年）改訂されている。なお、産業分野別のガイダンスとして、衣類・履物セクターについての指針があり、参照に値する。詳しくは外務省ウェブサイトを参照。https://www.mofa.go.jp/mofaj/gaiko/csr/housin.html（最終閲覧日：2019年9月24日）。

23) 2012年3月、ユニセフが国連グローバル・コンパクト、国際NGOセーブ・ザ・チルドレンと共に、子供の権利を尊重し推進するための企業の行動について策定した原則。日本語訳は下記のURLから閲覧可。https://www.unicef.or.jp/csr/pdf/csr.pdf（最終閲覧日：2019年9月24日）。

24) グローバル・コンパクト・ネットワーク・ジャパンによれば、2019年9月26

日現在で、日本企業の中でグローバル・コンパクトに加入している企業・団体
は、340に過ぎない。
25）　Clean Clothes Campaign（2014）や西谷（2011）もまた生活賃金（living wage）
の保障について指摘する。特にClean Clothes Campaign（2014）は、アジア諸国
の場合最低賃金が低すぎるため、自分自身や家族を養えるだけの賃金（＝生活
賃金）を保障することが不可欠だと論じる。

参考文献
アジア女性資料センター編（2015）『女たちの21世紀―特集・持続可能な開発目標
（SDGs）と女性のエンパワーメント』、第84号。
外務省（2019）「持続可能な開発目標（SDGs）について」
https://www.mofa.go.jp/mofaj/gaiko/oda/sdgs/pdf/about_sdgs_summary.pdf（最終閲覧
日2019年9月27日）
蟹江憲史編著（2017）『持続可能な開発目標とは何か―2030年へ向けた変革のアジェ
ンダ』、ミネルヴァ書房。
関正雄（2018）『SDGs経営の時代に求められるCSRとは何か』、第一法規。
高柳彰夫・大橋正明編（2018）『SDGsを学ぶ―国際開発・国際協力入門』、法律文化
社。
田中治彦・三宅隆史・湯本浩之編著（2016）『SDGsと開発教育―持続可能な開発目
標のための学び』、学文社。
長田華子（2018）「作り手が報われる社会を目指して―安価な衣服の生産拠点バング
ラデシュの労働実態から」、『連合総研レポート』、4-8頁、336号。
―――（2017）「インド縫製産業の中の西ベンガル州コルカタ―現地調査から見えて
きた現状と課題」、佐藤隆広編、『インドの産業発展と日系企業』、神戸大学経済経
営研究所研究叢書、379-407頁。
―――（2014）『バングラデシュの工業化とジェンダー―日系縫製企業の国際移転』、
御茶の水書房。
西谷敏（2011）『人権としてのディーセント・ワーク―働きがいのある人間らしい仕
事』、旬報社。
室井義雄（1995）「第1章総論　世界経済の構造と変容」、森田桐郎編、『世界経済論
―「世界システム」アプローチ』、ミネルヴァ書房、1-51頁。
ADB (Asian Development Bank) and UN Women (2018) *Gender Equality and the Sustainable Development Goals in Asia and the Pacific: Baseline and pathways for transformative change by 2030.*
Antonopoulos, Rania and Hirway, Indira (2010) "Unpaid Work and the Economy," in Edited by Antonopoulos, Rania and Hirway, Indira, *Unpaid Work and the Economy: Gender, Time Use and Poverty in Developing Countries*, London: Palgrave Macmillan.

Apparel Export Promotion Council (2009) *Indian Apparel Clusters: An Assessment.*

Benería, Lourdes, Berik, Günseli and Floro Maria S. (2016) *Gender, Development, and Globalization: Economics as if All People Mattered*, New York: Routledge, Second Edition.

Chen, Martha and Shinha, Shalini (2016) "Home-based Workers and Cities: India in Comparative Perspective," *Empowering Home-based Workers in India: Strategies and Solutions*, pp. 9-41.

Chen, Martha Alter (2012) "The Informal Economy: Definitions, Theories and Policies," WIEGO Working Paper, No.1.

Clean Clothes Campaign (2014) *Living Wage in Asia.*

Elson, Diane and Pearson, Ruth (1981) "'Nimble Fingers Make Cheap Workers': An Analysis of Women's Employment in Third World Export Manufacturing," Feminist Review 7, pp. 87-107.（「「器用な指は安い労働者をつくる」─第三世界の輸出産業における女性雇用の分析」、『経済労働研究』、第7集、5-25頁）

Esquivel, Valeria and Sweetman, Caroline (2016) "Gender and the Sustainable Development Goals," *Gender and Development*, 24:1, pp. 1-8.

Fröbel, Folker (1982) "The Current Development of the World-Economy: Reproduction of Labour and Accumulation of Capital on a World Scale," V-4, *Spring.*（原田太津男訳「世界経済の今日的発展─世界的規模での労働力再生産と資本蓄積」、『叢書世界システムⅠワールド・エコノミー』、藤原書店、1991年、98-153頁）

Fröbel, Folker, Heinrichs, Jürgen and Kreye, Otto (1980) *The New International Division of Labour*, Cambridge: Cambridge University Press.

Fukuda-Parr, Sakiko (2016) "From the Millennium Development Goals to the Sustainable Development Goals: shifts in purpose, concept, and politics of global goal setting for development," *Gender and Development*, 24:1, pp. 43-52.

Huq, Chaumtoli (2019) "Opportunities and limitations of the Accord: need for a worker organizing model," in Edited by Saxena Sanchita Banerjee, *Labor Global Supply Chains, and the Garment Industry in South Asia: Bangladesh after Rana Plaza*, London and New York: Routledge, pp. 65-83.

Huq, Rubana (2019) "Bangladesh's private sector: beyond tragedies and challenges," in Edited by Saxena Sanchita Banerjee, *Labor Global Supply Chains, and the Garment Industry in South Asia: Bangladesh after Rana Plaza*, London and New York: Routledge, pp. 117-130.

Kabeer, Naila (2019) "The evolving politics of labor standards in Bangladesh: taking stock and looking forward," in Edited by Saxena Sanchita Banerjee, *Labor Global Supply Chains, and the Garment Industry in South Asia: Bangladesh after Rana Plaza*, London and New York: Routledge, pp. 231-259.

Naved, Ruchira, Rahman, Tabassum, Willan, Samantha, Jewkes, Rachel and Gibbs, Andrew

(2018) "Female garment workers' experiences of violence in their homes and workplaces in Bangladesh: A qualitative study," *Social Science and Medicine*, 196, pp. 150-157.

Paul-Majumder, Pratima and Begum, Anwara (2006) *Engendering Garment Industry: The Bangladesh Context*, Dhaka: The University Press Limited.

Rahman, Shahidur (2019) "Post Rana Plaza responses: changing role of the Bangladeshi government," in Edited by Saxena Sanchita Banerjee, *Labor Global Supply Chains, and the Garment Industry in South Asia: Bangladesh after Rana Plaza*, London and New York: Routledge, pp. 131- 148.

Razavi, Shahra (2016) "The 2030 Agenda: challenges of implementation to attain gender equality and women's rights," *Gender and Development*, 24:1, pp. 25-41.

Ruggie, John Gerard (2013) *Just Business: Multinational Corporations and Human Rights*, New York: W.W. Norton and Company, Inc.. （東澤靖訳『正しいビジネス―世界が取り組む「多国籍企業と人権」の課題』、岩波書店、2014年）

Saxena, Sanchita Banerjee (2019) "Introduction: how do we understand the Rana Plaza disaster and what needs to be done to prevent future tragedies," in Edited by Saxena Sanchita Banerjee, *Labor Global Supply Chains, and the Garment Industry in South Asia: Bangladesh after Rana Plaza*, London and New York: Routledge, pp. 1-18.

Siddiqi, Dina M. (2019) "Spaces of exception: national interest and the labor of sedition," in Edited by Saxena Sanchita Banerjee, *Labor Global Supply Chains, and the Garment Industry in South Asia: Bangladesh after Rana Plaza*, London and New York: Routledge, pp. 100-114.

――― (2003) *The Sexual Harassment of Industrial Workers: Strategies for Intervention in the Workplace and Beyond*, Dhaka: Centre for Policy Dialogue.

Standing, Guy (1999) "Global Feminization through Flexible Labor: A Theme Revised," *World Development*, 27:3, pp. 583-602.

――― (1989) "Global Feminization through Flexible Labor," *World Development*, 17:7, pp. 1077-1095.

United Nations (2015) *Transforming our World: the 2030 Agenda for Sustainable Development*. （外務省仮訳『我々の世界を変革する：持続可能な開発のための2030アジェンダ』、参照URLhttps://www.mofa.go.jp/mofaj/files/000101402.pdf（最終閲覧日：2019年9月24日）

UN Women (2018) *Homework, Gender and Inequality in Global Supply Chains*, Discussion Paper, New York: UN Women.

（ながた はなこ／茨城大学）

SDGs達成の担い手を育むための教育と労働
——ソーシャルビジネスの実践教育の事例を通して考える——

藤 原 隆 信

1. はじめに

　「ESD for SDGs」という言葉がある。SDGsを達成するためにはESDが必要であるという趣旨の言葉である。

　ESDとは、Education for Sustainable Developmentの略で、日本語では「持続可能な開発のための教育」と訳されている。「持続可能な社会（Sustainable Society）」を創り上げていくには、そのような社会の姿を「到達目標（Goal）」として明示するだけでなく、そこに至るまでの道のり（Process）を考え、その実現に向けて行動（Action）を起こすことが必要である。同時に、そのような社会変革に取り組む人材、そして変革された社会を担っていく人材を育成していくことが不可欠であろう。

　ESDは、1992年にリオデジャネイロで行われた「環境と開発に関する国連会議」（地球サミット）で採択された21世紀に向けた行動計画「アジェンダ21」が起点となっている。国連の教育科学文化機関であるユネスコは、この「アジェンダ21」の第36章において、教育の役割の重要性を「ESDの『4つの命題』（基礎教育の推進の改善、既存の教育の再構築、持続可能性の理解と意義の啓発、研修の推進）」として提示している。その後、2002年にヨハネスブルグで開催された「持続可能な開発に関する世界首脳会議（第2回地球サミット：リオ + 10）」で日本政府とNGOがESDを世界的に推進することを提唱する。そして同年12月に開催された国連総会にて、2005年から2014年までの10年間を「国連持続可能な開発のための教育10年（国連ESDの10年）」とする決議案が提案され、満場一致で採択されたのであ

る。その後、ユネスコが中心となって世界各国がESDに関する取り組みを進めることとなった。

　一方のSDGs（Sustainable Development Goals：持続可能な開発目標）は、2012年にリオデジャネイロで開催された「国連持続可能な開発会議」（第3回地球サミット：リオ＋20）で議論が始まった。その後、世界が直面している環境や政治、経済等の分野における喫緊の課題に対し世界全体で取り組むべき普遍的な目標を策定するための議論が進められ、2015年9月の「国連サミット」（持続可能な開発サミット）において、2030年を年限とする国際目標としてSDGsが採択されたのである。SDGsは17の目標（Goal）で構成されているが、これらの目標は、2001年に国連で策定されたミレニアム開発目標（MDGs：Millennium Development Goals）を引き継ぎつつ、気候変動や経済的不平等、平和と正義といった新たな分野の課題も盛り込まれたものである。「誰一人として取り残さない（No one will be left behind）」という方針の下、各国政府や企業、NGOが協力しながらSDGs実現に向けた取り組みを実施することが目指されている。

　近年では日本政府のみならず、多くの企業や自治体、NGOやNPO、大学までもがSDG達成の重要性を声高に叫び、全国各地で議論が展開されている。しかし、SDGsを実現するためには、議論だけでなく具体的な行動（Action）が必要であり、そのような行動を起こすことのできる人材の育成が不可欠である。そうでなければ、SDGsは単なる「絵に描いた餅」に終わってしまうだろう。そのような意味において、上述のESDはSDGsを実現する上で非常に重要な役割を担っていると言えよう。

　本稿では、「ESD for SDGs」、すなわちSDGsを実現するための教育（＝人材育成）の事例として、筑紫女学園大学現代社会学部の藤原ゼミナールの活動を紹介することで、今後の大学教育や経営学教育のあり方について考えるきっかけ作りとしたい。

2. 筑紫女学園大学現代社会学部　藤原ゼミナールの取り組み

　筑紫女学園大学現代社会学部の藤原ゼミナールでは、現代社会の多様な

問題（社会的課題）をビジネスの手法で解決する「ソーシャルビジネス」について学んでいる。ゼミでは「理論と実践を通じて学ぶ」という運営方針の下、文献研究（知識の習得）→実践活動（現実への適応［現実の理解］）→文献研究（知識の深化）→実践活動（現実への適応［より深い現実の理解］）→文献研究……、というサイクルを回しながら学びを深めている。以下では、学生達が議論を通じて創り上げた独自のビジネスモデルとその実践（ネパールの子ども達の教育支援と女性達の自立支援を目的としたソーシャルビジネス［活動名：Smile for Nepal］）の内容を紹介すると共に、活動を通じて学生達がどのように成長したのか、さらにはESDやSDGsとの関連について検討を行うことにしたい。

2−1. ネパール大地震と筑女ネパールプロジェクト

　2015年4月25日、ネパールをマグニチュード7.8（アメリカ地質調査所）の巨大な地震が襲った。近隣国含め8,460人もの死者（ネパール内務省、2015/5/15）が出ると共に、ネパール全土で多数の学校の校舎が倒壊した。全国で3万2000もの教室が使えなくなり（ユニセフ、2015/5/31）、100万人近い子ども達が学ぶ場所を失ってしまった。

　筑紫女学園大学では、同年6月1日に「筑紫女学園大学ネパール大地震復興教育支援プロジェクト（筑女ネパールプロジェクト）」を発足させ、募金活動を開始した。同年8月の現地調査を皮切りに、計8回の支援活動と調査活動を実施している。現地では被災地を中心に複数の学校を訪問し、延べ4,000人以上の子ども達に文房具を手渡してきた。また、震災から1年4カ月後の2016年8月には震源地のゴルカ郡にあるラムサハ高校で倒壊した校舎の再建作業を開始。翌2017年2月に新校舎が完成した際には、大学の学長や校舎建設に関わった学生達が招待され、ラムサハ高校の教職員と生徒達、そして近隣住民も参加する盛大な記念式典が開催された。

　しかし、震災から時間が経過するごとに日本国内では人々の関心が薄れ、募金は思うように集まらなくなった。プロジェクトがそのような課題に直面していた2017年4月、現代社会学部の藤原ゼミナールが開始されることになった。藤原ゼミでは、プロジェクトを支援する形でソーシャルビジネ

スの実践に取り組むことになり、ゼミ１期生は「どのような形でビジネスを設計し、どのような形でネパールの子ども達への教育支援を継続するのか」について議論を開始した。

２－２.「理論」を通じた学び（2017年４月～）

2017年４月に始まった藤原ゼミナール。ゼミ生達は独自のソーシャルビジネスを立ち上げるべく、まずは文献を元にして基本的な知識を身につけることから開始した。ゼミの授業で文献を元にした報告と議論を行うだけでなく、学外で開催された各種セミナーに参加し、他大学の学生達と一緒にビジネスモデル作りを学んだ。文献を通じて得た知識や学外のセミナーで得た情報を元にしてゼミの授業でグループディスカッション。コンペ形式で三つのビジネスモデルを発表しあい、それらを融合させる形で独自のビジネスモデルを創り上げた（図1）。

自分たちの活動名を「Smile for Nepal」と名付け、ネパール大地震で被害を受けた学校の子ども達への教育支援だけでなく、社会的地位の低い現地の女性達の自立支援も行うこととなった。ネパールの女性達が手作りするグッズ（エコバッグやアクセサリー、雑貨）を現地で買い付けてきて日本国内で販売し、その収益で被災地の子ども達への文房具プレゼントや倒壊した校舎の再建を行うという内容である。また、クラウドファンディン

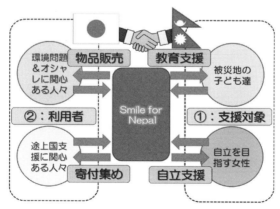

図1　Smile for Nepal のソーシャルビジネス（イメージ）

グを利用して途上国支援に関心のある方々から寄付を募り、被災地での校舎建設の費用に充てることも考えた（※このビジネスモデルは、福岡市主催の「ビジネスチャレンジ事業」に応募し、2017年度の支援事業に採択された）。

　独自のビジネスモデル構築後も文献を通じた学びを継続し、得た知識を実践に応用していった。また、ソーシャルビジネスの実践家やベンチャー企業経営者をゼミの授業に招いて勉強会を開催することで、実務的な知識を身につけると共に、自分たちの活動に対する有益なアドバイスも頂いた。

通常ゼミの様子（文献を用いた報告とTBL［Team Based Learning］）

学外の勉強会に参加し、ビジネスモデル作りを学ぶ（2017年5月）

ゼミでビジネスモデルについてグループディスカッション（2017年5月〜）

福岡市主催「ビジネスチャレンジ事業」のプレゼン審査（2017年6月）

ソーシャルビジネスの実践家を招い
た勉強会の様子（2017年10月）

ベンチャー企業の経営者を招いた
勉強会の様子（2017年10月）

2－3.「実践」を通じた学び（2017年7月～）

　ゼミの学生達は自分達の「ビジネスモデル」を実践すべく、まずは学内でテスト販売とニーズ調査を行った。「女子大の学生と教職員」という限られた調査対象ではあったが、アクセサリーや雑貨を手にとってもらいながら聞き取り調査を行った。このニーズ調査の結果を元にして、夏期休暇中に一部のゼミ生が現地（ネパール）を訪問し、女性のハンドメイドグッズを販売している商店や自作のアクセサリーを路上で販売している女性、女性の手作りエコバッグを販売している業者などを訪問し、日本で販売する商品の買い付けを行った。

　夏期休暇終了後、ゼミ生達は学内外の各種イベントに参加し、自分たちの活動の趣旨をアピールしながら「対面販売」を行った。「対面販売」では引き続きニーズ調査を行った。また、福岡都心部に出向いてアクセサリーや雑貨の陳列方法や価格の調査も行った。「対面販売」だけでは販売機会が限られることから、アルバイト先や知り合いのお店にお願いして「委託販売」にも取り組んだ。また、独自の通信販売サイトの構築やSNSを活用した広報活動などを通じて自分たちの活動をより多くの方々に知ってもらい、より多くの商品を買ってもらうための取り組みも行った（※このような多様な活動が評価され、先述の福岡市主催「ビジネスチャレンジ事業」では「優秀活動賞」を受賞した）。

筑紫女学園大学の学内でテスト販売
とニーズ調査（2017年7月）

ニーズ調査を踏まえて現地を訪問
し、商品の買い付け（2017年8月）

筑紫女学園大学学園祭でネパール
グッズ販売（2017年10月）

筑紫女学園110周年記念イベントで
ネパールグッズ販売（2017年10月）

あすばるフェアトレードバザーで
ネパールグッズ販売（2017年11月）

福岡市主催「ビジネスチャレンジ事
業」で優秀活動賞受賞（2018年2月）

2－4．ネパール大地震の被災地での教育支援活動（2018年2月）

　ゼミ開始から10カ月が経過した2018年2月、藤原ゼミの1期生は全員で
ネパールを訪問した。ネパール大地震で大きな被害を受けたダーディン郡

ホテルからバスと徒歩で片道6時間
を掛けて学校に向かうゼミ生達

震災から3年。まだ仮設校舎で勉強
する子ども達（ダーディン郡の学校）

仮設校舎で勉強する子ども
達へ文房具のプレゼント

震源地ゴルカ郡の学校を訪問。子ども
達一人ひとりに文房具をプレゼント

笑顔で文房具を受け取る子ども達。
嬉しくて文房具を抱きしめる子も

ネパール大地震で倒壊した校舎
の再建作業に取り組む学生達

にある学校（ジャルパデビ小学校、パンチャコンニャ小学校）へは、バス
と徒歩で片道6時間（往復12時間）掛けて向かった。2015年4月の地震発
生から約3年が経過していたが、まだ仮設校舎で勉強している子ども達が
たくさんいた。子ども達が勉強していたのは、木の枠組みにブリキ板を張

り付けただけの質素な校舎。学年毎にブリキ板で仕切られた狭い空間が子ども達の「教室」。「教室」と呼ぶには余りにも粗末な場所にたくさんの子どもが押し込められ、勉強させられていた。学校がある場所は標高も高く、朝晩は冷え込む2月であるにもかかわらず、低学年の子ども達は地面に薄いゴザを敷いただけの「教室」。子ども達の中には裸足で学校に通っている子どももいた。そのような環境の中でも一生懸命に勉強している子ども達。ゼミ生達はそのような子ども達一人ひとりに日本から持参した文房具を手渡していった。文房具を受け取る子ども達の目はキラキラと輝き、とても嬉しそうに文房具を受け取ってくれた。そのような子ども達の姿を見ることで、ゼミ生達は自分たちの取り組んでいる実践活動の"真の意味"を理解できたようである。同時に、ソーシャルビジネスの意義や役割をも実感できたようである。

　ネパール大地震の震源地であるゴルカ郡の学校（ラムサハ中学校）では、子ども達に文房具を手渡すだけでなく、自分達がビジネスを通じて得た収益や多くの方々からの寄付金を元に、震災で倒壊した校舎の再建作業にも取り組んだ（※その後、現地の政治情勢の変化を受け、当該学校での校舎建設は中断している）。

2－5.「教える」ことを通じて「学ぶ」ゼミ運営：後輩の指導
（2018年4月～）

　筑紫女学園大学の現代社会学部では、3年次のゼミ（専門ゼミナール）と4年次のゼミ（卒業ゼミナール）を別々に行うのではなく、同時開講することで「4年生が3年生のロールモデルとなる」というスタイルで運営している。

　2018年4月には藤原ゼミに新3年生が加入し、ゼミ生の規模は約20人となった。授業運営は基本的に4年生に任せ、「先輩が後輩を指導する（＝知識と経験の伝授）」というスタイルでゼミを運営した。前年同様、普段の授業では文献を用いて知識の修得に取り組んだが、3年生が文献の内容をレジュメにして報告し、4年生が司会をしながら論点を整理してグループディスカッションを行うというスタイルで実施した。1年間、理論と実践を通

じて学んできた4年生は、自分たちの経験を元に的確に論点を整理すると共に、その後の議論も積極的にリードしていた。彼女達は後輩に「教える」というプロセスを通じて、より深い「学び」を得ていたようである。

　また、ソーシャルビジネスの実践活動（ネパールグッズの販売）に関し

通常ゼミの様子。4年生が司会を務め、テキストを元に議論を深める

イベント販売の準備。商品知識や販売方法などを先輩が後輩に指導

対面販売当日の様子。現場での商品陳列や接客方法などを先輩が後輩に指導

先輩・後輩合同で学内でのテスト販売とニーズ調査を実施（2018年7月）

ニーズ調査を元に現地で買付けた商品を学園祭で販売（2018年10月）

地域イベント（キャンパスフェスタin太宰府）で販売実践（2018年12月）

ても、「先輩が後輩を指導する」というスタイルで運営した。2月の現地訪問の際に買い付けてきたネパールグッズを3年生と4年生が協力して販売。4年生は自分達の知識と経験を元に、事前準備の方法や商品陳列の方法、対面販売の際の接客方法などを後輩に指導しながら取り組んだ。3年生は、4年生の指導を聞きながら少しずつ知識と経験を積み重ねて行き、次第に自分たちでも工夫をしながら対面販売に取り組むようになっていった。4月当初は先輩の「指示通り」に行動していた3年生達も、最終的には自分たち独自の陳列方法や販売スタイルを確立しながら活動を進めることができるようになった。

2－6. ネパール大地震の被災地での教育支援活動（2019年2月）

　ゼミ1期生が全員でネパールを訪問してから1年後の2019年2月、ゼミ2期生が全員でネパールを訪問した。前年同様、ネパール大地震で大きな被害を受けたダーディン郡の学校へは、バスと徒歩で片道6時間（往復12時間）掛けて向かった。現地の子ども達は1年前に訪問した「先輩達」のことを憶えており、2期生が到着すると大歓迎してくれた。ゼミ生達は、日本から持参した文房具を子ども達に一人ひとり手渡し。子ども達が嬉しそうに文房具を受け取る姿、受け取った文房具を大切そうに抱きかかえる姿を見て、「先輩達が話していたこと（＝自分たちの実践活動の"真の意味"やソーシャルビジネスの意義と役割）」をリアルに実感できたようである。

　前年同様、震源地ゴルカ郡にある学校も訪問。こちらの学校でも子ども達が笑顔で出迎えてくれた。ゼミ生達が文房具をプレゼントすると、子ども達はとても嬉しそうに文房具を受け取ってくれた。震災発生から約4年が経ち、ある程度の復興は進んでいたが、まだまだ仮設校舎で勉強している子ども達は多く、学生達は継続的な支援の必要性を実感したようである。ネパール現地での活動を経験したことで、自分達が取り組んできた日本での実践活動を振り返ることもできた。指導してくれた先輩達の「想い」を理解すると共に、今後は自分たちが「後輩を指導する立場になる」ことへの意識も高まったようである。

前年同様、片道6時間を掛けて被
災地ダーディン郡の学校を訪問

笑顔で嬉しそうに文房具を受け取る
子ども（ジャルパデビ小学校）

文房具を受け取るのを楽しみに待つ
子ども達（パンチャコンニャ小学校）

被災地ゴルカ郡の学校訪問。子
ども達が笑顔で出迎えてくれる

子ども達一人ひとりに文房具のプレ
ゼント。嬉しそうに受け取る子ども

ユニセフから寄贈された質素な仮
設校舎で子ども達は勉強していた

2－7．ソーシャルビジネスの「理論」と「実践」を通じた
学生の成長とSDGs

2017年4月から始まった藤原ゼミナール。ゼミでは、ソーシャルビジネ

スを「社会的課題を解決するためのツール」として位置づけると共に、その事業活動を（1）「ミッション性（＝どれだけ社会的課題を解決できたか？）」と（2）「収益性（＝どれだけ利益を上げたか？）」という二つの基準で評価する視点を学んでいる。

　ゼミ1期生は、授業での議論や各種実践活動を通じて、ソーシャルビジネスの「やりがい」を感じると共に、その「難しさ」も実感したようである。

　ソーシャルビジネスの「やりがい」については、「自分たちの活動がネパールの子ども達の教育環境の改善に繋がっていることを実感できた時」に感じたようである。これは前述の（1）「ミッション性（＝どれだけ社会的課題を解決できたか？）」という基準と関連しており、労働者の「働きがい」に通じるものである。

　一方、ソーシャルビジネスの「難しさ」については、「どのような商品をどれだけ仕入れ、いくらで、どのような場所で、どのようにして売れば利益が最も高くなるのかを考えることのようである。これは前述の（2）「収益性（＝どれだけ利益を上げたか？）」という基準と関連しており、いわゆる「ビジネス（お金儲け）」に通じるものである。

　藤原ゼミの事例では、ネパールグッズの販売でより多くの利益を上げれば、より多くの資金を子ども達の教育支援に使える。すなわち、「収益性」を高めれば「ミッション性」が高まることになる。しかし、「収益性」を高めるために安い値段で買い付けをすれば、現地の生産者（女性）の生活を圧迫することになってしまい、「女性の自立支援」というミッションに反してしまうことになる。ゼミ生達はこのような「ミッション性」と「収益性」のバランスを取ることの重要性についても議論しながら、現地での買い付けを行っていた。このような意識や視点を身につけることは、SDGsの目標8（成長・雇用：働きがいも経済成長も）を考える上で非常に重要なことであると思われる。

　ゼミ1期生は、2018年2月にネパールを訪問し、現地の子ども達への教育支援活動（文房具の手渡し、被災地での校舎建設）に取り組んだことで、自分たちの活動への「想い」（「ミッション」へのコミットメント）が一層

強くなった。文献や映像で見るだけでなく、現地を訪問して子ども達の姿（劣悪な環境の中で一生懸命に勉強する姿、文房具を受け取った時の子ども達の笑顔、文房具を大切そうに抱きしめる姿）を自分自身の目で見たことが大きく影響したようである。このような「リアルな体験」は、SDGsの目標1（貧困：貧困をなくそう）や目標4（教育：質の高い教育をみんなに）を考える上で非常に重要なことであると思われる。

　2018年4月からはゼミ2期生が活動に参加するようになり、1期生達は、一年かけて自分たちが身につけた「知識」や「経験」、そして「想い」を、普段の授業や各種実践活動の中で後輩達に伝えることとなった。ゼミ1期生は、「教える」というプロセスを通じて自分たちの「知識」や「経験」を振り返り、再確認することで、より深く自身の中に定着させることになったと思われる。

　一方、1期生の指導の下で「理論」を学び、「実践」を経験した2期生達も、ゼミ活動を継続する中で徐々に「知識」や「経験」を身につけ、先輩達の「想い」も理解できるようになっていった。そして2019年2月にネパールを訪問し、現地の子ども達の姿を自分自身の目で見たことで、自分達の活動への「想い」（「ミッション」へのコミットメント）が一気に高まった。帰国後は、そのような「想い」を全員で共有しモチベーション高く実践活動取り組めたようである。

　2019年3月に1期生は卒業し、4月からは3期生が加入してきた。2期生と3期生による「理論」と「実践」の新たなサイクルが始まった。2期生達は「先輩」として3期生（後輩）への指導を行いながら、自分たちが一年かけて身につけた「知識」や「経験」、そして「想い」を、普段の授業や各種実践活動の中で伝えている。2期生達は、先輩から「教わったこと」だけでなく、「自分たち独自の考え」も含めて後輩に「教える」というプロセスに取り組んでいる。彼女達は「教える」ことを通じて「学び」ながら「知識」や「経験」、「想い」を再生産しているのである。

　2019年4月から、2期生の指導の下でその「知識」や「経験」、「想い」を引き継いだ3期生達は、2020年2月にネパールを訪問する予定である。

3. おわりに

　以上、筑紫女学園大学現代社会学部の藤原ゼミナールの取り組みを事例に、「理論」と「実践」を通じた学生達の成長や、「教える」ことを通じて「学ぶ」ための仕組み、そのサイクルを持続的に回すための仕組みについて紹介してきた。

　学生達は「ビジネス」をツール（手段）にして「社会的課題の解決」に取り組んだ。自分たちでソーシャルビジネスモデル（仮説）を考え、実践（検証）することで改善点を見出し、次なる取り組み（仮説）を考え、更なる実践（検証）に取り組む。このサイクルを繰り返しながら、継続的により良いビジネスモデル（仕組み）づくりに取り組んでいる。そして、その「ビジネス」から得られた収益を元に、ネパールの子ども達への教育支援活動に取り組んでいる。

　まだまだ未熟な活動であり、彼女達の活動によってネパールの子ども達の教育問題が全て解決できる訳ではない。しかし、彼女達の活動は、ネパールの子ども達のより良い教育環境づくりに少なからず貢献し、文房具を受け取った子ども達の笑顔を生み出している。自分たちの「ビジネス」が、社会的課題の解決に少しでも役立っていることを実感したことで、働くことの意味や意義、「労働の持つ社会的な役割」について考えるようになったようである。彼女達がゼミナールでの活動を通じて学んだことは、「持続可能な社会」と「ビジネス」、「労働」との関係を考える上で非常に重要なことであり、現在の社会を変革し、持続可能な社会を担っていくような人材にとって必要不可欠な要素であると思われる。

　ここで再び「ESD for SDGs」について考えることとしたい。「はじめに」で触れた、ユネスコによる「ESDの『4つの命題』」の詳細は以下の通りである。

①基礎教育の推進の改善

　単なる読み書きや計算の能力ではなく、持続可能な社会の担い手となるのに必要な知識・技能、価値観及び洞察力を身に付けるようにする。

②既存の教育の再構築

　　幼稚園から大学まで、全ての学校における教育で持続可能性について学べるようにする。

③持続可能性の理解と意識の啓発

　　より多くの人々が持続可能な社会の形成に関われるようにする。

④研修の推進

　　あらゆる部門の労働力が持続可能性に貢献することができるようにする。

　SDGsを達成し「持続可能な社会」を実現するには、目標（Goal）を提示するだけでなく「具体的な行動（Action）」が必要である。そのためには、「具体的な行動（Action）」について自ら考え、仲間と議論し、一緒に行動を起こせる人材の育成が不可欠であろう。

　大学の教育現場においても、上記の「ESDの『4つの命題』」の視点から、「持続可能な開発のための教育（ESD）」について考え、具体的なアクション（経営学教育の再構築、大学教育の再構築）に繋げることが重要であると思われる。

（ふじわら　たかのぶ／筑紫女学園大学）

地域中小企業と地域経済循環
——持続可能な地域社会にむけて——

山　本　篤　民

1.　はじめに

　日本では、2000年頃から地域経済の衰退や地方と中央の格差といったことがさかんに叫ばれるようになった。いわゆる「限界集落」が全国に拡大しているとも指摘されている[1]。こうしたなかで、2014年には、民間の政策提言機関である「日本創生会議」が独自の将来人口推計にもとづいて「消滅可能性都市」を発表した[2]。その推計によると、全国の自治体の約半数にあたる896自治体が「消滅可能性都市」にあてはまるとしている。「消滅可能性都市」に該当する自治体名を公表したことから、自治体関係者の間に波紋をひろげることになった。

　その後、「消滅可能性都市」論に対しては、推計方法に関する批判や、地方への移住が活発化している実態を反映していないといった批判、さらには政策的な意図をもって作成・発表されたものであるといった批判が展開されることになった[3]。そもそも、「2010年から2040年にかけて、20〜39歳の若年女性人口が5割以下に減少する」[4]ことをもって、都市が消滅するかのように論じるのは無理があるといえよう。しかし、多くの地方都市では地域経済の衰退にともなって、人口の流出・減少が生じていることも確かである。また、人々の生活を支える社会インフラを維持することが困難になっている地域も少なくない。そのため、特に地方では、将来にわたり人々が地域で生活しつづけることができるのかといった懸念もひろがっている。

　このような問題認識は、2015年9月の国連総会において採択された「持

続可能な開発のための2030アジェンダ」のなかにも一部みることができる。このアジェンダには、持続可能な世界を実現するための17の目標（SDGs）と169のターゲットが示されている[5]。これを受けて、日本では、全ての国務大臣を構成員とする「持続可能な開発目標（SDGs）推進本部」が設置された。同推進本部は、「Ⅰ．SDGsと連動する『Society5.0』の推進」、「Ⅱ．SDGsを原動力とした地方創生、強靭かつ環境に優しい魅力的なまちづくり」、「Ⅲ．SDGsの担い手として次世代・女性のエンパワーメント」といった3つの柱からなる「SDGsアクションプラン2019」を作成した。この「SDGsアクションプラン2019」の内容には、SDGsの取り組みを通して成長市場を創出することや地域経済を活性化すること、持続可能で強靭な国土と質の高いインフラ整備を進めることなどが盛り込まれている。

　このように地域経済を活性化し、国土を整備して人々が生活しつづけることができる持続可能な地域を整備していくことも重要な課題とされている。しかし、「SDGsアクションプラン2019」においては、各省庁で策定された従来の政策を課題ごとに当てはめたものが多く、必ずしも具体的な方策が示されているわけではない。

　そこで、本研究では、人々が生活しつづけることができる持続可能な地域社会を構築していく方策を検討したい。なお、本研究においては、中小企業が雇用や就業の場を維持・創出して地域経済を活性化することや、地域に必要とされる社会インフラを維持していくことなどに注目して、持続可能な地域社会を構築していくための課題を明らかにしていきたい。

2．地域経済の衰退と生活基盤の崩壊の危機

（1）地域経済の衰退の要因

　本章では、国内各地で地域経済が衰退した要因や地域の人々の生活基盤が崩壊の危機に瀕している状況について言及していきたい。まず、近年、地域経済が衰退した要因について、主に3点にしぼって論じていきたい。

　第1には、経済のグローバル化の進展により大企業を中心に製造業の生産拠点が海外に移転していったことがあげられる。日本の製造業の海外生

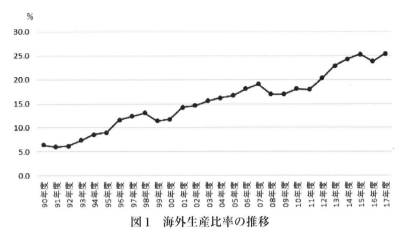

図1　海外生産比率の推移

出所：経済産業省「海外事業活動基本調査」各年度版より作成。
注：全国内法人ベース。

産比率は、1990年度に6.4％であったものが2000年度には11.8％、そして2017年度には25.4％に達している[6]。海外への生産拠点の移転は、多くの場合、国内工場の縮小や閉鎖をともなうものであり、その結果、地域における雇用や就業の場も縮小していくことになった。実際に国内の製造業の就業者数は、1992年のピーク時には1,569万人であったものが、2018年には1,060万人へと減少している[7]。製造業だけで、500万人以上の就業者が減少したことになる。こうしたことから、特に大企業の企業城下町や大企業の誘致工場が雇用の受け皿となっていたような地域では、工場の縮小や閉鎖によって雇用不安や失業問題がもたらされることになった。

　第2には、公共工事が減少傾向にあることがあげられる。政府建設投資額は、ピーク時の1995年度の約35兆円から2018年度には約20兆円（見込み）へと減少している。地方の都市ほど建設業が主要産業となっており、なかでも公共工事に依存する割合が高い。しかし、国や地方自治体の財政状況の悪化により、かつてのようには公共工事が実施されなくなっている。特に2001年に誕生した小泉内閣のもとでは、財政再建を掲げて公共事業費の10％削減が実施されていくことになった。その結果、主に地域の建設需要をよりどころとしていた地場ゼネコンや、その下請として施工を担う中

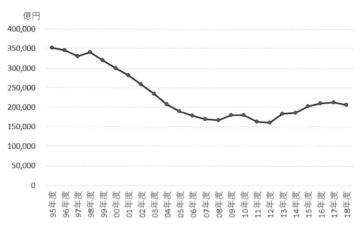

図2　政府建設投資の推移

出所：国土交通省「建設投資推計」。

注：18年度は見込み。

小建設業者の経営が立ち行かなくなっていった。近年、東日本大震災の復旧・復興工事や東京オリンピック・パラリンピックにむけた首都圏での開発ラッシュにより建設需要が拡大している。だが、1990年代半ば以降、建設需要の縮小が続いていたことから、多くの建設業者は経営に余裕がなくなり、建設技能者を十分に育成することができなかった。こうしたことから、東日本大震災の復旧・復興工事の開始にともない、深刻な人手不足に陥ることになった[8]。建設業では人員募集を積極的に行っているものの、就業者数は1997年の685万人から2018年の503万人へと減少している。

　第3には、各地域で中小企業が倒産や廃業により減少していることがあげられる。中小企業数（事業所ベース）は1999年の614万事業所から2014年には545万事業所へ減少している。また、このうち小規模事業所は、同期間に451万事業所から401万事業者へ減少している。同様に、事業所の従業者数は、中小企業全体では1999年の4,319万人から2014年には4,316万人に、小規模事業所では1,384万人から1,320万人へと減少している。東京以外の道府県では、中小企業を就業の場とする人が大多数を占めている[9]。また、地方にいくほど中小企業や、とりわけ小規模事業者が地域経

済に果たしている役割が大きいことが指摘されている[10]。地域経済の担い手である中小企業や小規模事業者の減少は、地域経済の衰退や低迷をもたらしている。

　以上のように、これまで地域で主要な位置を占めてきた産業や企業が就業の場としての機能を十分に果たせなくなっている。こうしたことから、特に若年層の人々が就業の場を求めて地方から東京圏へ流出している。地方では人口が減少する一方で、東京圏では人口の集中が進んでいる。

　人口の流出と減少は、その地域における商品やサービスの需要規模を縮小させることになる。そのため、小売業やサービス業など地域の人々の生活を支える企業が経営を維持することが困難になっている。その結果、地域からますます就業の場が失われるとともに、身近な場所で買い物をすることができなくなるなど、いわゆる「買い物弱者」問題を引き起こしている。このような悪循環に歯止めをかけ、人々が地域で生活しつづけられるようにするためには、地域で就業の場を維持・創出していくことが必要である。

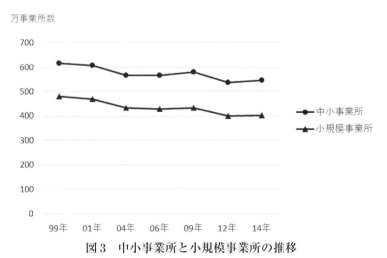

図3　中小事業所と小規模事業所の推移

出所：中小企業庁編（2016）『2016年版小規模企業白書』14ページより作成。

（2）生活基盤の崩壊の危機

　上述の「買い物弱者」の発生は、地域で人々が生活するうえでの生活基盤が崩壊に瀕している一例である。日々の生活に必要な食料品や衣料品、日用雑貨品などが容易に購入できる環境になければ、その地域で生活しつづけることは困難になる。今後、一段と高齢化が進み、自動車を運転することができなくなる高齢者が増加していくと、こうした問題はさらにひろがっていくことが懸念される。

　さらに、近年、生活基盤に関わる問題として浮上していることは、公共の建築物や道路、橋梁、港湾施設など社会インフラの老朽化が進行していることである。国土交通省によると、2018年3月現在で建築後50年を経過した道路橋は約25％、トンネルは約20％、河川管理施設（水門等）は約32％、下水道管きょは約4％となっている[11]。この割合は、2023年3月になると、それぞれ約39％、約27％、約42％、約8％へと上昇すると予測している[12]。さらに、今後、20年間で建築後50年を経過する社会インフラが加速的に増加するため、国土交通省は戦略的に維持・管理・更新することが必要であるとしている。

　だが、現実的に維持・管理・更新を進めていけるのか、見通しは不透明である。なぜなら、橋梁を例にすると、建設時期が把握されている約73万橋の他に、建設時期が把握できないものが約23万橋にも及んでいるからである[13]。建築時期が把握できない橋梁のほとんどは、市町村によって管理されている橋である。維持・補修工事がなされないまま老朽化し、崩落する橋梁や通行止めとなる橋梁も年々増加している。こうした身近な社会インフラが維持・補修されずに放置されている原因は、市町村の財政が厳しくなっているだけではなく、地元の建設業者や建設技術者が減少していることも一因となっている。

　さらに、災害への対応という点からも人々の生活が脅かされている。地域の建設業は、地震や風水害などが発生した際には人命の救助に携わるとともに、被災地域の復旧も担っている。東日本大震災の際には、被災直後から地元の建設業者が道路の瓦礫を除去するなど復旧作業に携わったことで、緊急車両の通行や支援物資の輸送が可能になったといわれている[14]。

東日本大震災のような大規模な災害だけではなく、各地で発生している地震や風水害においても地元の建設業者が中心になり被害にあった家屋の修繕や電気・水道設備などの復旧作業にあたっている。しかし、建設業者や建設技術者が不足しており、復旧に時間を要している様子が、しばしば伝えられている[15]。

　また、降雪地域では、除雪作業も地域の建設業者によって担われている。だが、除雪作業を請負う建設業者が減少してしまい、道路の除雪を十分に行えなくなっている自治体もみられる。田村（2017）は、冬場の除雪や災害の緊急対応に備えるための機械や人員を維持するために最低必要な工事量を「限界工事量」と定義して、群馬県の建設業協会の会員企業に調査を実施した。その結果によると、6割を超える建設業者が「限界工事量」を下回っていると回答していた[16]。つまり、建設業者が除雪に対する備えを十分に行えなくなっていることを意味している。

　こうした傾向は、群馬県に限られたことではない。「豪雪地帯対策特別措置法」における「豪雪地帯」および「特別豪雪地帯」を含む24道府県の建設業協会の会員企業を対象とした調査においても、除雪作業の体制を維持していくには「担い手確保・育成」や「企業維持のための公共事業量の確保」が必要であるとの声が寄せられている[17]。建設業者が少なくなった地域では、除雪作業が行えなくなり、降雪により通行止めを余儀なくされる道路が増えている。道路の除雪作業が行えなくなると、降雪時に緊急車両の通行に支障をきたす恐れもあり、こうした事態は地域の人々の健康や生命をも危険にさらすことにもつながっている。

　以上のように、社会インフラの老朽化や自然災害への対応が十分に行われなくなりつつある。これまで私たちが当たり前のこととして享受してきた安全な生活の基盤が崩壊しつつある。このような地域では、人々が生活しつづけることが困難になっている。

3．持続可能な地域の発展に関する先行研究

（1）高度経済成長期の外来型開発への批判

　人々が生活しつづけることができる持続可能な地域を目指すための研究や議論は、「地域経済学」をはじめ「社会学」や「経済地理学」、「中小企業論」など様々な視点から行われてきた。戦後、日本において持続可能な地域をめぐる研究や議論が活発に行われるようになったのは、高度経済成長にともなう公害問題や都市部への人口集中と地方の過疎化、地域経済の衰退などがきっかけであった。宮本（1989）らは、地域の人々や地域経済に犠牲を強いる外来型の拠点開発法式を批判して「内発的発展論」を提唱した[18]。

　宮本（1989）は、外来の資本（国の補助金を含む）や技術にたよった開発を「外来型開発」と規定し、独占資本の理論がはたらいている社会では、過疎地域には資本が立地しないことや進出企業と地元企業との産業連関が乏しいことなどを指摘した。そのうえで、宮本（1989）は、地域の企業・組合などの団体や個人が自発的な学習によって計画をたて、自主的な技術開発をもとにして、地域の環境を保全しつつ資源を合理的に利用する内発的発展の必要性を説いた。

　同様に高度経済成長期の効率本位の市場経済や中央への集中、地域の自立性の喪失などへの反省から、地域における自主と自立を基盤とする経済、行政、文化の構築を目指す「地域主義」が唱えられた[19]。清成（1980）によれば、域外から進出してきた企業は、進出先の地域は単に生産要素を提供する存在としてみる傾向があり、こうした企業は地域をこわすことになりかねないとしている。それとは対照に、地場産業は地域を形成する産業であり、地域の人々の生活を支える産業として展開してきたと高く評価した[20]。

　「内発的発展論」も「地域主義」の主張も、いずれも地域外からの企業の進出を全面的に否定するものではないが、地域経済の活性化や地域経済振興の主体は、地域の住民や企業であるべきだとした点は注目すべきであり、

その後の地域研究にも大きな影響を与えることになった。しかし、高度経済成長以降も、多くの地方の自治体では大企業誘致の地域経済活性化や公共工事だよりの景気対策や雇用対策が続けられた。

(2) グローバル経済のもとでの地域中小企業への注目

　近年の経済のグローバル化の進展は、従来の大企業誘致による地域経済の活性化に見直しを迫っている。先にふれたように、大企業を中心に人件費の安い海外に生産拠点を次々に移転していったからである。また、国や地方自治体の財政状況は悪化傾向にあり、公共工事の拡大による景気対策や雇用対策も期待できなくなっている。このような背景から、改めて、地域の企業、とりわけ地域の中小企業に目が向けられるようになっていった。

　このような研究の1つとして、岡田（2005）の「地域内再投資力」をめぐる議論をあげることができる。岡田（2005）は、誘致企業が生産した付加価値は地域に還流される割合が低く、本社に移転する部分が大きいことに注目し、地域を活性化するには地域内で繰り返し投資が行われる仕組みを構築することが必要であると論じている。地域の投資の主体としては、地域の中小企業や農家、協同組合、NPO、基礎自治体があげられている。地域経済の活性化のためには、これらが地域内で繰り返し投資を行い、雇用や所得を生み出していく循環を作りだすことに力を入れるべきだと説いている。

　また、伊藤（2014）も地域外からの企業誘致の限界を指摘したうえで、地域経済の活性化にあたって、地域経済循環の重要性を論じている。伊藤（2014）は、地域経済循環を活発にするにあたり、地域外から所得を獲得する移出産業の役割がきわめて重要であるとしている。製造業や農業・水産業、観光産業など地域外に市場を持つ産業は、地域経済活性化の中心的存在として雇用機会や所得機会を創出し、納税力によって地域経済循環を支える役割を果たし、地域内への所得をもたらし経済循環を拡大すると指摘している[21]。一方、建設や小売業、地域金融機関などは域内の需要によって成り立つとしている[22]。伊藤（2014）は、移出産業の重要性を指摘しつつ、域内需要によって成り立つ産業と連関して発展することが必要で

あると述べている。

　さらに、近年、アメリカでの実践が紹介されている「エコノミックガーデニング」も、地域の中小企業を成長させることにより地域経済を活性化しようというものである。山本（2010）によると、アメリカにおいてエコノミックガーデニングが注目されるようになった背景には、企業誘致による地域経済開発を疑問視する動きがあったことだという。ただし、企業誘致による地域開発を否定するものではないとも指摘している。また、どのような中小企業を成長させるかということも特定することなく、それぞれの地域の実情に合わせるべきだとしている。いずれにせよ、地域の中小企業を重視するという点では、岡田（2005）や伊藤（2014）らの議論と共通しており、山本（2010）もエコノミックガーデニングの諸活動は「内発的発展論」の方向性と一致するものだとも述べている。

　以上のように、地域経済の活性化にあたっては、地域に経営の基盤を置く中小企業を主体にすること。また、地域での経済循環が重要であることが指摘されている。

（3）先行研究における残された課題

　地域経済の活性化に関する先行研究をふり返ると、高度経済成長期には外来型の拠点開発方式への批判、そして、近年では経済のグローバル化のもとでの大企業誘致政策の見直しを迫るものであった。それぞれ状況は異なるものの、地域の中小企業を主体とした地域経済の活性化の重要性が論じられてきた。

　これらの先行研究が指摘するように、地域経済の活性化には、外部から大企業を誘致するのではなく、地域の中小企業が経営を維持・発展させ雇用の場を維持・創出することが必要であると考えられる。また、地域経済を活性化するうえでは、地域で経済循環をもたらすことも有効であるといえよう。

　ただし、岡田（2005）や伊藤（2014）らの議論では、必ずしも具体的な産業や企業、地域について言及されているわけではない。また、これらの先行研究は、地域経済を活性化することに言及しているが、人々が生活し

つづけられる持続可能な地域を構築していくためには、それだけでは済まされない。これまで述べてきたように、人々の生活の基盤となる地域の社会インフラを維持・補修していくことも不可欠である。このような点を踏まえて、持続可能な地域社会を構築していくための方策を検討していきたい。

4. 持続可能な地域社会にむけて

(1) 地域の地場産業による地域経済循環

まず、地域経済の活性化にむけて地域経済循環をもたらすにあたり、筆者は、地場産業に注目している。なぜなら、地場産業は、経済が衰退している地方の地域をはじめ全国各地に存在しているからである。地場産業が発展し、雇用や就業の機会を維持・創出することで地域経済が活性化すると考えられる。

また、地場産業の多くは、中小企業を中心にした産地を形成しており、地域で産出された材料を用いて、中小企業同士の社会的分業により製品が生産されているからである。つまり、地場産業製品を生産するにあたり、地域内で材料や部品、製品といったモノの循環や、その取引にともなうカネの循環が生じることで地域の経済を活性化することが期待される。また、工場見学や体験、直売会などのイベントを実施している産地では、ヒトを地域に引き寄せることで地域経済の活性化に貢献している。

このように、各地の地場産業は、地域内にヒト・モノ・カネの循環をもたらし地域経済活性化の一翼を担う産業として期待される。だが、多くの地場産業自体が低迷していることも確かである。国内の地場産業製品は、海外からの安価な代替品との競争のなかで市場を奪われたり、日本人の生活様式の変化にともない需要そのものが先細りになったりしているものもみられる。しかし、その一方で、地場産業製品は、日本を象徴する製品としてクールジャパン戦略やインバウンド向けの製品として注目が高まっているものも少なくない。

筆者はこれまで、各地の地場産業の産地企業を調査し、今治タオルや三

条の刃物、九谷焼、越前タンスなどを手がける中小企業が新製品や新技術を開発したり、デザイン力を強化したり、ブランドを確立したりすることを通して、地域に雇用や就業の機会をもたらしていることを明らかにしてきた（山本2018a、2018b）。全体としては低迷している地場産業ではあるが、産地内外の企業やデザイナーとの連携などを通して、消費者ニーズに合致した新たな製品づくりに取り組み、成長している地場産業の中小企業も存在しているのである（山本2018a、2018b）。

　このような地場産業の中小企業に対して、新製品開発にむけた連携の後押しや販路を開拓するための展示会への出展、国内外のバイヤーとのマッチングの機会などを支援することが、結果として地域の経済循環と地域経済の活性化に結びつくものと考えられる。もちろん、地場産業が地域の経済循環をもたらすのに適した産業であるということであり、その他の産業や企業によって地域経済の活性化を図ることを否定するものではないことも付け加えておきたい。

（2）インフラ産業の維持と振興

　次に、社会インフラの維持・補修の必要性といった観点から、持続可能な地域社会を構築していくための方策を示していきたい。先に取り上げたように、近年、老朽化した社会インフラが増加し、人々の生活に支障をきたす事態も発生している。また、災害発生後の復旧の遅れや、降雪地域では除雪作業が十分に行われないといった問題も生じている。こうした問題が生じている地域では、人々が生活しつづけることが困難になっている。

　このような事態をくい止めるためには、社会インフラを維持・補修する体制が地域のなかで確立していることが必要である。その重要な担い手になるのが地域の建設業者である。とりわけ地域の建設業者であることが重要であるのは、災害発生時にも迅速に対応できることや、その地域の自然や天候、地理的条件を熟知しているからである。地域外の建設業者では、特に緊急時に迅速に対応することはできないであろう。

　しかし、地場ゼネコンをはじめ地域の建設業者は、公共工事の減少や建設需要の低迷、東京に本社を構える大手ゼネコンやハウスメーカーとの競

争に苦戦して、経営状況の悪化が続いてきた。先に示したように、除雪作業に必要な工事量を確保できないような経営状況に陥っている建設業者も少なくない。また、後継者や建設技術者を育成することが困難になっている建設業者もみられる。

建設業者は自らの経営努力によって事業を維持・発展させていくことは必要であるが、上述のように地域の建設業者には、地域の人々の生活に不可欠な社会インフラを維持・補修する役割や災害への対応も求められている。このような点を考慮すると、各地域の自治体が地元の建設業者の経営を後押しすることや振興を図ることも否定されることではないと考えられる。

地元の建設業者への経営の後押しとしては、地域で発生する公共事業を優先的に地元の建設業者が受注できるようにすることなどがあげられる。公共工事の入札の際に、地域の防災活動などに協力する地元の建設業者の評価を優遇している自治体も存在している。もちろん、技術的に受注可能であるのかといったことや、適正な工事価格であるのかといったことなど審査は必要である。また、後継者や建設技能者の雇用や育成費用を補助することなども求められる。

さらには、建設業の重層下請構造のもとでみられる下請への「しわ寄せ」や「ダンピング」などを行政や業界をあげて解消を図ることも、中小の建設業者の経営を安定させるうえで重要である[23]。工事の施工や社会インフラの維持・補修を担う、中小の建設業者が経営を維持していくうえでも、後継者や建設技能者を育成するためにも、適正な下請代金が支払われることが不可欠である。そのためにも、建設業界における下請構造のあり方を見直していく必要がある。

以上のように、社会インフラの維持・補修を担う地域の建設業を振興することや建設技能者を育成することは喫緊の課題となっている。

5. おわりに

経済のグローバル化の進展にともない、ある国で起こった金融危機が瞬

く間に世界に波及したり、投機マネーの動きがある国にバブル経済をもたらしたり、その後にバブル崩壊による深刻な不況をもたらしたりと、各国の経済に影響を与える事態が発生している[24]。このようなグローバル経済の動きに翻弄されずに、人々が生活しつづけることができる地域社会を構築することは、日本のみならず世界でも共通の課題となっている。こうしたことは、冒頭で述べた「持続可能な開発のための2030アジェンダ」のなかにも反映されている。このような問題意識を踏まえ、本論では、地域経済の衰退により人口流出や人口減少が生じている地域をいかに活性化するかということや、人々の生活の基盤となる社会インフラをいかに維持・補修して持続的な地域社会を構築していくかということを論じてきた。

　前者の点については、先行研究を踏まえ、地域で経済循環をもたらすことが重要であることを指摘した。その際、中小企業を中心に産地を形成している地場産業は、地域経済を活性化するうえで重要な役割を果たす可能性があることを示した。なぜなら、地場産業は、地域の原料を利用し、中小企業の社会的分業により製品が作られていることから、地域内での経済循環を引き起こすのに適しているからである。また、実際に新製品を開発するなどして、雇用や就業の機会をもたらした地場産業の中小企業があることも指摘した。

　後者の点では、社会インフラの維持・補修を担う建設業を取り上げた。特に災害時の迅速な対応においては、地域の建設業者の存在が不可欠であることを論じてきた。また、災害への対応の際はもちろん、社会インフラの維持・補修においても地域の自然や天候、地理的条件を熟知している地元の建設業者が適していることを指摘した。

　持続的な地域社会を構築するためには、人々が生活の糧を得るための就業の機会が最低限維持される水準で経済が活性化しているとともに、生活の基盤である社会インフラが維持されていることも不可欠である。本論では建設業を中心に取り上げたが、持続可能な地域社会を構築するためには、先に述べたように「買い物弱者」をなくすための小売業やサービス業の振興も必要である。また、直接的に人々の健康や生命に関わる問題として、病院や診療所、福祉施設を地域でどのように維持していくかということも

重要な課題である。これらの課題は別の機会に論じていくことにしたい。

注

1) 大野（2008）では、「限界集落」とは「65歳以上の高齢者が集落人口の50％を超え、冠婚葬祭をはじめ田役、道役などの社会的共同生活の維持が困難な集落であり老人夫婦世帯、独居老人世帯が主」となっていると定義している。大野（2008）、21ページ。

2) 「消滅可能性都市」の定義は、「2010年から2040年にかけて、20〜39歳の若年女性人口が 5 割以下に減少する市区町村」としている。増田（2014）、29ページ。

3) 「消滅可能性都市」論に対する批判としては、岡田（2014）や山下（2014）があげられる。

4) 増田編（2014）、29ページ。

5) 17の目標には、人間（人権の尊重、貧困・飢餓の克服、健康的な生活など）、地球（持続可能な消費および生産、天然資源の持続的管理、気候変動への対応など）、豊かさ（豊かで充実した生活、自然と調和した経済・社会・技術の進展など）、平和（恐怖および暴力からの自由、平和的、公平かつ包摂的な社会など）といった幅広い領域が含まれ、パートナーシップ（政府、民間セクター、市民社会、国連機関）によって実現することが謳われている。

6) 経済産業省「海外事業活動基本調査」各年度版による。対象は、国内の製造業の法人。国内法人ベース（製造業）の海外生産比率＝現地法人（製造業）売上高／（現地法人（製造業）売上高＋国内法人（製造業）売上高）×100.0として計算。

7) 総務省統計局「労働力調査」各年版による。

8) 建設業における人手不足問題の分析については、山本（2019）を参照。

9) 東京は、非一次産業における中小企業の就業者の割合が43.0％と、全国で唯一、中小企業就業者の割合が過半数を下回っている。なお、東京都に次いで中小企業従業者の割合が低いのは大阪府の67.4％となっている。中小企業庁編（2018）、497〜498ページ。

10) 中小企業庁編（2016）では、地方にいくほど中小企業や小規模事業者が長期にわたり事業を営んでいることや、地域における売上高構成比率や付加価値額構成の比率が高いことを指摘している。

11) 国土交通省ホームページ
（http://www.mlit.go.jp/sogoseisaku/maintenance/02research/02_01.html）。2019年9月10日参照。

12) 同上。

13）　国土交通省道路局（2019）「道路メンテナンス年報」
（http://www.mlit.go.jp/road/sisaku/yobohozen/pdf/h29/30_03maint.pdf）。2019年9月
10日参照。

14）　徳山（2012）を参照。

15）　2016年4月14日以降に震度7と震度6強をそれぞれ2回記録した熊本地震では、
家屋の倒壊や土砂崩れがおこり、震災関連死を含めると260名以上の犠牲者を
だした。建設業の人手不足の影響もあり、家屋の危険度判定から修繕や建てか
えに時間を要し、多くの住民が長期の避難所生活を余儀なくされた。また、
2019年9月9日に千葉県に上陸した台風15号は、千葉県を中心に停電や断水、
家屋の損壊をもたらした。地元の建設業者に加えボランティアも駆けつけてい
るが、数カ月たっても修繕作業が行われない家屋が数多く残されている。

16）　田村（2017）。

17）　一般社団法人全国建設業協会事業部（2017）を参照。調査は、2017年8月か
ら2017年9月にかけて実施されたもの。24道府県の建設業協会の会員企業390
社が回答。なお、複数回答で「担い手確保・育成」と回答した割合が82％、「企
業維持のための公共事業量の確保」と回答したのは66％となっている。

18）　「内発的発展論」については宮本（1989）の他にも、社会学者の鶴見・川田
（1983）らがそれぞれの地域の人々が固有の自然生態系や文化にもとづいて外来
の知識・技術・制度などと適合しつつ自律的に創出していくものといった議論
を展開していった。

19）　地域主義については、玉野井・清成・中村共編（1978）を参照。

20）　清成（1980）。

21）　伊藤（2014）。

22）　伊藤（同上）。

23）　重層下請構造のもとでの「しわ寄せ」などの問題は、国土交通省建設産業戦
略会議（2011）「建設産業の再生と発展のための方策 2011」のなかでも指摘さ
れ、解決を図るべきことが謳われている。

24）　金子（2019）は、1980年代以降、金融派生商品をはじめ、さまざまな証券化
商品が生まれるとともに、為替取引の自由化が急激に進み、グローバルな規模
での資金移動が激しくなったと指摘し、世界中を投機マネーが飛び回ってキャ
ピタルゲイン狙いで資産価格がつり上げられる「カジノ資本主義」が誕生した
と論じている。7ページ。

参考文献

一般社団法人全国建設業協会事業部（2017）「除雪業務に係るアンケートの結果につ
いて」『全建ジャーナル』56巻11号。

伊藤正昭（2014）「地域経済循環と地域産業における内発的活性化」『政経論叢』第

　82巻第3・4号。

大野晃（2008）『限界集落と地域再生』京都新聞出版センター。

岡田知弘（2005）『地域づくりの経済学入門－地域内再投資力論』自治体研究社。

岡田知弘（2014）『「自治体消滅」論を超えて』自治体研究社。

金子勝（2019）『平成経済　衰退の本質』岩波書店。

清成忠男（1980）「地場産業の現代的意義」『地域開発』No.192。

玉野井・清成・中村共編（1978）『地域主義』学陽書房。

田村孝夫（2017）「地域建設業の限界工事量と地域の安全・安心」『建設政策』No.171、
　2017年1月。

中小企業庁編（2016）『小規模企業白書』日経印刷。

中小企業庁編（2018）『中小企業白書』日経印刷。

鶴見和子・川田侃（1989）『内発的発展論』東京大学出版会。

徳山日出男（2012）「東日本大震災から1年－初動対応から復興に向けて－」『全建
　ジャーナル』第65巻3号。

増田寛也編著（2014）『地方消滅』中央公論新社。

宮本憲一（1989）『環境経済学』岩波書店。

山下祐介（2014）『地方法滅の罠－「増田レポート」と人口減少社会の正体－』筑摩
　書房。

山本篤民（2018a）「中小企業の維持・発展と地域経済の活性化に向けて－地場産業
　の中小企業を中心に－」『日本中小企業学会論集』第37号。

山本篤民（2018b）「伝統的工芸品産業・地場産業における新たな発展の可能性」『中
　小商工業研究』135号。

山本篤民（2019）「建設産業の特徴と政策課題」『中小商工業研究』139号。

山本尚史（2010）『エコノミックガーデニング』新建新聞社。

（やまもと　あつたみ／日本大学）

日本のSDGsモデルと分散型エネルギー・システムから見る企業経営の課題

山 田 雅 俊

1. はじめに

2015年9月の「国連持続可能な開発サミット」で、「我々の世界を変革する：持続可能な開発のための2030年アジェンダ」（Transforming our world; the 2030 Agenda for Sustainable Development）が採択され、その行動計画として「持続可能な開発目標」（sustainable development goals；以下、SDGs）が掲げられた。SDGsは、2001年から2015年までの開発目標であるミレニアム開発目標（millennium development goals；以下、MDGs）の成果を踏まえて「誰一人取り残さない」ことをコンセプトとし、その策定には政府、企業、研究者、一般市民（NPO/NGO）が参画した。MDGsの後継であるSDGsは持続可能な社会への変革のための2016年から2030年までの15年間に国際社会が解決しなければならない課題である。

SDGsは17目標・169項目からなる。そのうち目標7は、再生可能エネルギーの開発・普及、化石燃料技術の改善、およびインフラ投資を国際的に協力して行うことである。その目的は、主にアジアやアフリカの農村部に多くいるとされる無電化人口を減らすことである[1]。SDGsの目標7の他にも、①自らの事業活動の使用電力を100％再生可能エネルギーで賄うことを目指す世界中の大企業193社（2019年8月末現在）が加盟しているRE100（100% Renewable Energy）という環境イニシアチブの発足（2014年）[2]、②再生可能エネルギー資源の活用を1つの柱とする循環型経済への移行のための企業間および業界間の連携を目的とするCE100（The Circular Economy100 Network）というイニシアチブの発足（2013年）[3]、③パリ協

定の採択（2015年）と同協定への対応方法として石炭火力発電の段階的廃止を目指す「脱石炭連盟」（Powering Past Coal Alliance; PPCA）の発足、および④OECD加盟国20か国による石炭火力発電の一切の使用停止の表明[4]など、再生可能エネルギーの開発・普及と化石燃料技術の改善という課題は国際的な潮流になっている。このような国際的な課題に日本が貢献するためには、従来の火力発電や原子力発電を中心とする大規模集中型エネルギー・システムから再生可能エネルギー発電を中心とする分散型エネルギー・システムへの変革が有力な対策となる。現状では、日本国内では、SDGsの目標7への施策を試みる一方、従来の大規模集中型エネルギー・システムの復旧を前提とするようなエネルギー政策が進められている。

　本稿では、日本の行政・自治体および産業・企業によるSDGs、特に目標7への対応に焦点を当て、企業経営の課題を検討する。そうすることによって、持続可能な社会におけるエネルギー・システムのあり方と企業の役割を考えることが本稿の目的である。この課題と目的に取り組むために、本稿では、SDGsの目標7を手掛かりとして、日本のエネルギー政策の現状と課題について検討する（2.）。次いで、行政・自治体、産業・企業、一般市民によるSDGsの目標7への取り組みの事例（3.）を記述し、SDGsの目標7への対応に関する企業経営の課題を検討する（4.と5.）。

2.　SDGsの目標7と日本のエネルギー政策

　SDGsの目標7は「すべての人々の、安価かつ信頼できる持続可能な近代エネルギーへのアクセスを確保する」[5]というエネルギー・システムの課題であり、次の5項目を手段としている。その5項目とは、「7-1: 2030年までに、安価かつ信頼できる現代的エネルギー・サービスへの普遍的アクセスを確保する。」「7-2: 2030年までに、世界のエネルギー・ミックスにおける再生可能エネルギーの割合を大幅に拡大させる。」「7-3: 2030年までに、世界全体のエネルギー効率の改善率を倍増させる。」「7.a: 2030年までに、再生可能エネルギー、エネルギー効率及び先進的かつ環境負荷の低い化石燃料技術などのクリーン・エネルギーの研究及び技術へのアクセスを促進する

ための国際協力を強化し、エネルギー関連インフラとクリーン・エネルギー技術への投資を促進する。」「7.b: 2030年までに、各々の支援プログラムに沿って開発途上国、特に後発開発途上国及び小島嶼開発途上国、内陸開発途上国のすべての人々に現代的で持続可能なエネルギー・サービスを供給できるよう、インフラ拡大と技術向上を行う」である[6]。すなわち、SDGsの目標7によれば、持続可能なエネルギー供給の開発は、再生可能エネルギーの開発・普及、化石燃料技術の改善、およびインフラ投資を国際的に協力して行うことによるのである。

　日本では、SDGsが採択される2カ月前（2015年7月）に、日本国内のエネルギー・ミックスに関わる2030年目標を閣議決定している。この2030年目標は2018年7月に公表された第5次エネルギー基本計画に反映されている。この2030年目標によれば、2030年までに日本のエネルギー・ミックスを、化石燃料56％（液化天然ガス［LNG］27％、石油3％、石炭26％）、原子力20％〜22％、再生可能エネルギー22％〜24％（水力［大型・小型含む］8.8％〜9.2％、太陽光7％、風力1.7％、バイオマス3.7％〜4.6％、地熱1.0％〜1.1％）にすることを目指すという[7]。この2030年目標には福島原発事故以降の原発停止が大きく影響している。福島原発事故によって国内のすべての原子力発電が停止し、日本国内では2012年度から2014年度にかけて図らずとも原発ゼロによる電力供給が実現したものの、原子力発電の停止に伴う電力の不足は輸入化石燃料による火力発電によって賄っている。化石燃料を電源とする火力発電への依存度は2014年度には86％（石炭31％、石油9.5％、LNG46.1％）を超えたため、為替相場の状況によっては経済的なエネルギー供給を実現できないこと[8]、電源となる化石燃料の多くが非国産材であるためエネルギーの安定供給に関わるリスクが高いこと[9]、および現在の技術では気候変動対策として火力発電は不適切であること[10]など、20世紀後半以来の3E+S（経済性［economic efficiency］、環境適合性［environment］、安定供給［energy security］、および安全性［safety］）という日本のエネルギー政策の基本路線から大きく乖離するようなエネルギー供給が続いている。このような背景から、一度は停止した原子力発電所を再稼働しながら、再生可能エネルギーの割合も高めてゆ

くという日本のエネルギー・ミックスの2030年目標が2015年に閣議決定されたのである。実際に、直近のデータである2016年度の日本のエネルギー・ミックス（実績値；小数点以下切り捨て）を見ると、化石燃料82％（LNG40％、石油9％、石炭33％）、原子力2％、再生可能エネルギー15％である[11]。これらの目標と実績値から、日本政府は、2016年から2030年の15年間で、原子力発電や火力発電による従来の大規模集中型エネルギー・システムを前提として再生可能エネルギーによる分散型エネルギー・システムを併用するような電力供給システムを構築しようとしていることがわかる。すなわち、日本では、新しいエネルギー・ミックスを構築することが課題になっているが、その課題は従来のエネルギー政策の基本路線を維持することを前提としている。

　問題は、日本の行政が目指すこのようなエネルギー・ミックスは持続可能性（sustainability）あるいは持続可能な開発（sustainable development）を担保できないということ、ならびに大規模集中型エネルギー・システムから分散型エネルギー・システムへの移行という国際的な潮流に逆行しているということである。原発ゼロの状況（2014年度）から原子力への依存度を20％から22％まで高めようという日本のエネルギー・ミックスの2030年目標は、原発再稼働のためのエネルギー政策といえる。原子力発電は、環境経営のライフサイクル・アセスメントの視点から考察すると、原材料となるウランの採掘、発電、放射性廃棄物の処理、廃炉という一連のプロセスは3E+Sに逆行する持続不可能なシステムであることは既に先行研究によって明らかになっている[12]。また、先述したSDGsの目標7とその手段を示す5項目は、再生可能エネルギーの開発・普及と化石燃料技術の改善を明記しているが、原子力発電に関する記述はない。つまり、SDGsは原子力発電を持続可能なエネルギー供給の方法とは考えていない。原子力発電をエネルギー・ミックスに含む現在の日本のエネルギー政策は持続可能性や国際的な視点から不十分と言わざるを得ない。

　また、日本のエネルギー・ミックスの2030年目標では、化石燃料への依存度は56％である。上述したように、SDGsの目標7は化石燃料技術の改善を持続可能な開発の手段に含めている。日本は、化石燃料技術の改善に

ついて、超々臨海圧発電方式、コンバインド・サイクル発電、石炭ガス化複合発電など次世代の技術[13] の開発を試みている。このような技術開発を進めることは脱炭素化と循環型経済への移行へのステップ・アップとして重要であるが、持続可能な開発をより徹底する場合、再生可能エネルギーの開発・普及が課題となる。この課題に対応するために、SDGsの目標7に貢献する施策を講じることは効果的であると思われる。以下では、日本のSDGs目標7への対応状況を記述する。

3．日本におけるSDGs目標7の取り組み

（1）日本の行政によるエネルギー政策とSDGsへの取り組み

　日本の行政は、企業や一般市民による分散型エネルギー・システムの特に優れた取り組みに対して、補助金やアワードを与えることによって育成し、それらを日本のSDGsモデルとして国際的に発信していこうとしている。ここでは、こうした行政の取り組みを見ていく。

　日本政府は、2016年5月、国内の自治体や民間企業によるSDGsへの対応を支援するために、SDGs推進本部とその下部組織としてSDGs推進円卓会議を設置した。SDGs推進本部は、全閣僚が構成員となり、総理大臣を本部長、官房長官と外務大臣を副本部長とする行政組織である。SDGs推進円卓会議の構成員は、行政、民間セクター、NGO/NPO、有識者、国際機関、各種団体等である。SDGs推進円卓会議は2016年12月に「SDGs実施方針」を策定し公表した。このSDGs実施方針は「1.あらゆる人々の活躍の推進」「2.健康・長寿の達成」「3.成長市場の創出、地域活性化、科学技術イノベーション」「4.持続可能で強靭な国土と質の高いインフラの整備」「5.省・再生可能エネルギー、気候変動対策、循環型社会」「6.生物多様性、森林、海洋等の環境の保全」「7.平和と安全・安心社会の実現」「8.SDGsの実施推進の体制と手段」という8つの優先課題からなる。再生可能エネルギーは優先課題5に含まれており、気候変動対策や循環型社会と関連付けながらその導入を国際的に推進していくという日本の方針が示されている。日本はSDGsの目標7を目標13「気候変動及びその影響を軽減するための緊

急対策を講じる」[14] と目標17「持続可能な開発のための実施手段を強化し、グローバル・パートナーシップを活性化する」[15] との関連で捉えていることがわかる。

　このSDGs実施方針に基づいて、SDGs推進円卓会議は「SDGsアクションプラン」を2017年12月以降、定期的に策定し公表している。これらのSDGsアクションプランによって、SDGs推進円卓会議は、「ⅠSDGsと連動するSociety5.0」「ⅡSDGsを原動力とした地方創生、強靭かつ環境にやさしい魅力的なまちづくり」「ⅢSDGsの担い手として次世代・女性のエンパワーメント」という「日本のSDGsモデルの方向性」を示している。より具体的には、方向性Ⅰは、SDGsに対応するために破壊的イノベーションを通じてSociety5.0や生産性革命を実現すること、民間企業のSDGsの取り組みを支援・強化することなどである。企業と連携して破壊的イノベーションを追求しSDGsに取り組むという行政の構想がうかがえる。方向性Ⅱは、SDGsへの対応を地方創生政策やレジリエントなまちづくりと関連させること、SDGsの観点から先進的な自治体をモデル事業として選定し支援することなどである。地方自治体と連携して成功事例を作り、日本のSDGsモデルを構築するという構想である。方向性Ⅲは、国内的には、安倍政権の政策である働き方改革や女性の活躍推進による一億総活躍社会の実現、子供の貧困対策、障害者の自立と社会参加の支援をSDGsに対応することによって促進すること、国際的には、途上国の教育、保健、公衆衛生の強化に貢献することなどである。日本政府はSDGsへの対応を現政権による政策を実現するための手段として捉えているようである。

　特にSDGsアクションプランの方向性Ⅱに関連して、内閣府地方創生局は、毎年、公募により「SDGs未来都市」を選定し、その中でも特に優れている10都市を「自治体SDGsモデル事業」（以下、モデル事業）として認定している（表1を参照）。同モデル事業に認定された都市には、地方創生政策の一環として補助金が交付される。現在のモデル事業20都市のうち15都市は、再生可能エネルギーの開発・普及に関わる事業である（表1内○印のある都市）。このことから、SDGsの目標7は日本の自治体にとって取り組みやすいSDGsの目標であること、ならびに日本では分散型エネル

ギー・システムの開発・普及が政策的な課題になっており、SDGs特に目標7は分散型エネルギー・システムの開発・普及と地方創生にとって効果的なツールとして位置づけていることがわかる。SDGsの目標7への対応による分散型エネルギー・システムの開発・普及にとって、先述した原発再稼働と化石燃料への依存の継続を促す日本のエネルギー・ミックスの2030年目標は足枷になり得る。

表1　自治体SDGsモデル事業

2018年度		2019年度	
北海道ニセコ町○	富山県富山市○	福島県郡山市○	京都府舞鶴市○
北海道下川町○	岡山県真庭市○	神奈川県小田原市○	岡山県西粟倉市○
神奈川県○	福岡県北九州市○	新潟県見附市	熊本県熊本市○
神奈川県横浜市	長崎県壱岐市	富山県南砺氏○	鹿児島県大崎町○
神奈川県鎌倉市	熊本県小国市○	福井県鯖江市	沖縄県恩納村○

出所：内閣府地方創生推進室（2018、2019）を参照して、筆者作成。

表2　ジャパンSDGsアワード受賞団体

SDGs推進本部長賞（内閣総理大臣賞）
第1回：北海道下川町 第2回：(株)日本フードエコロジーセンター
SDGs推進副本部長賞（内閣官房長官賞）
第1回：NPO法人しんせい、パルシステム生活協同組合連合会、金沢工業大学 第2回：日本生活協同組合連合会、鹿児島県大崎町、(社)ラ・バルカ・グループ
SDGs推進副本部長賞（外務大臣賞）
第1回：サラヤ(株)、住友化学(株) 第2回：(株)LIXIL、NPO法人エイズ孤児支援、NGO・PLAS、会宝産業(株)
SDGsパートナーシップ賞
第1回：吉本興業(株)、岡山大学、(株)伊藤園、(財)ジョイセフ、 　　　　江東区立八名川小学校、福岡県北九州市 第2回：(株)虎屋本舗、山陽女子中学校・高等学校地歴部、(株)大川印刷、 　　　　(株)ヤクルト本社、SUNSHOW GROUP、産婦人科舘出張佐藤病院、 　　　　(株)滋賀銀行、(株)フジテレビジョン

出所：外務省Japan SDGs Action Platformホームページを参照して筆者作成。

SDGs推進本部は、表1に示した自治体SDGsモデル事業とは別個に、SDGsに対する優れた活動に対して「ジャパンSDGsアワード」を授与している。同アワードでは、本賞であるSDGs推進本部長賞（内閣総理大臣賞）、副賞であるSDGs推進副本部長賞（内閣官房長官賞と外務大臣賞）、および特別賞であるSDGsパートナーシップ賞が受賞対象に与えられる。表2は第1回（2017年）と第2回（2018年）の各賞の受賞団体を示している。このうち第1回の本賞を受賞した北海道下川町（以下、下川町）と同じくパートナーシップ賞を受賞した福岡県北九州市（以下、北九州市）は、先述した自治体SDGsモデル事業にも認定されている（表1を参照）。そこで本稿では、分散型エネルギー・システムの開発の代表的な事例として下川町と北九州市の事例を見ていくことにする。

（2）　北海道下川町の事例

　北海道川上郡に位置する下川町は、森林が面積の89.5％を占める農山村である。下川町は林業と鉱業を基幹産業として最盛期を迎えた1960年に人口15,555人を記録したが、2015年現在、3,547人へと減少し、高齢化率（65歳以上の人口の割合）は38.6％になっている。下川町は少子化と高齢化が進む典型的な日本の農山村である。

　下川町は、産業振興と少子化対策を目的として、森林を利用したまちづくりを行ってきた。1998年に町民の有志が下川町産業クラスター研究会を発足し、2001年には森林共生のグランドデザインを策定し、町有林の残材の熱利用を開発した。この熱利用によって削減したエネルギー費用を子育て支援に活用するなどの施策を行ってきた。2017年9月、町長、同町の役場の総務課と環境未来都市推進課を事務局とする下川町総合計画審議会に「SDGs未来都市部会」を設置した。同部会は、地域住民委員10名と外部有識者が構成員となった。同部会は2018年に「2030年における下川町のありたい姿〜人と自然を未来につなぐ『しもかわチャレンジ』〜」と称する下川町の2030年ビジョンを策定した。同ビジョンは、従来の施策を基盤として、森林バイオマスの利用拡大による脱炭素社会と循環型経済、新産業の創出などを目指すものであり、2030年における「ありたい姿」をSDGsと

の関連で7項目に分けて記述している。本稿のテーマであるSDGsの目標7に直接関係する下川町の「ありたい姿」は項目3「人も資源もお金も循環・持続するまち」と項目6「世界から目標とされるまち」である。より具体的には、項目3は、「人・自然資源（森林・水など）・お金などすべての永続的な循環・持続、創林業など産業のさらなる成長、食料、木材・エネルギーなどの地産地消により、自立・自律するまち」を、項目6は、「下川町のこれまでの取り組みを基盤に、さらに進化・深化させ、脱炭素社会の実現（パリ協定）や世界の持続可能な開発（SDGs）の実現に寄与するまち」を構想している。

　このような構想の下、現在、同町は町内のエネルギー自給100％と脱炭素化のための施策を開発・実践している。現在の町内のエネルギー自給率は約49％である。同自給率を向上するために、再生可能エネルギーのさらなる導入、省エネ家電レンタルシステムの導入、町全体の電気代の削減と脱炭素化、住民主体による集落運営手法の検討を行っている。また、同町の一の橋地区では「一の橋バイオビレッジ脱炭素コミュニティモデル創造事業」の開発に取り組んでおり、①集住化や森林バイオマス地域熱供給、②熱利用による新産業創造や企業誘致、③経済循環力の向上と集落内福祉の向上を図っている。

　ここまでの記述からわかるように、北海道下川町の取り組みの特徴は、従来から地域住民が築き上げてきた地域資源を基盤としていること、およびSDGsを地域活性化策として利用していることである。同町の事例から、分散型エネルギー・システムは、地域住民の生活と地域資源を基盤として成立することがわかる。このような下川町の取り組みは「自治体SDGsモデル事業」に選定され、SGDs推進本部長賞（第1回）を受賞している。

（3）　福岡県北九州市の事例

　福岡県北九州市は、2017年12月に「地域エネルギー次世代モデル事業」が「SDGs未来都市」と「自治体SDGsモデル事業」に採択されたことを契機として、「北九州市SDGs未来都市計画」と「SDGs戦略（ビジョン）」を2018年6月に策定し、同市の「2030年のあるべき姿」を公表している。そ

の「あるべき姿」とは、「『真の豊かさ』にあふれ、世界に貢献し、信頼される『グリーン成長都市』」であり、北九州市がそのような都市になるために、環境、社会、経済のそれぞれの分野において、表3に示すことを追求するという。北九州市は「地域エネルギー次世代モデル事業」をこの「あるべき姿」を実現するための戦略的手段と位置付けている。

表4に示すように、北九州市は、エネルギー事業を中核に据えて、環境、社会、経済の「三側面をつなぐ総合的取組」によって、同市の「2030年の

表3　北九州市のSDGs戦略（ビジョン）が示す2030年のあるべき姿

全体	「真の豊かさ」にあふれ、世界に貢献し、信頼される「グリーン成長都市」
環境	世界のモデルとなる持続可能なまちを拓く ・他都市のモデルとなるエネルギーマネジメント・循環システムの構築 ・コンパクトなまちの形成によるストック型社会の創造 ・技術と経験を生かした国際貢献の推進
社会	一人ひとりが行動し、みんなが輝く社会を拓く ・ジェンダー平等などの取り組みによる誰もが活躍できる場の創出 ・市民参加型の活動による生活の質（QOL）の向上
経済	人と環境の調和により新たな産業を拓く ・先進のまちを目指した新たなビジネスの創出 ・新たな産業の核となるエネルギー産業の創出

出所：北九州市（2018）を参照して筆者作成。

表4　北九州市の「地域エネルギー次世代モデル事業」

全体	三側面をつなぐ総合的取組
環境	気候変動への対応、資源効率の向上 ➤エネルギーや資源の地域循環、環境国際協力・ビジネスの推進、里山等の自然保全
社会	人口減少・超高齢化の対応、生涯活躍社会の実現 ➤女性や高齢者・障害者等の活躍、安心で災害に強いまちづくり、市民活動の場の提供
経済	持続可能な産業の振興 ➤地域エネルギー拠点化の推進、ロボットやAIを活用した生産性向上、一次産業や環境関連産業の活性化

出所：北九州市（2018）を参照して筆者作成。

あるべき姿」を追求しようとしている。北九州市の「地域エネルギー次世代モデル事業」のコンセプトは、「エネルギーを核としつつ」「低炭素エネルギーの振興や環境産業の活性化、女性や高齢者・障害者の活躍、エネルギー・リサイクル産業の技術向上と海外展開等を進め」「技術力・市民力を生かした課題解決事業を展開し、国内外へ普及・展開する」ことである[16]。

　このような北九州市の「地域エネルギー次世代モデル事業」は、国連でSDGsが採択されたからといって突然計画・実施できるようなものではない。北九州市の「モデル事業」は、同市におけるそれ以前の公害問題への対応と国際協力の歴史、および分散型エネルギー・システムの開発の経緯が背景にある。北九州市は八幡製鉄所の創業（1901年）以来、重化学工業を中心に発展し、大気汚染や水質汚濁など深刻な公害を経験してきた。同市は、地域住民による市民運動や産官学による取り組みによって公害問題を克服し、中国の大連で公害管理講座を開講するなど、環境の改善と国際協力に熱心に取り組んできた。2010年には、北九州市の公害対策のノウハウを持続可能な社会の実現や地域経済の活性化につなげるためのプロジェクトとして「北九州市スマートコミュニティ創造事業」（以下、「創造事業」）を立ち上げた。この「創造事業」を推進するために発足した「北九州市スマートコミュニティ創造協議会」は、77の民間企業や団体によって構成されていた。「創造事業」は経済産業省による「次世代エネルギー・社会システム実証」実験の1つとして採択され[17]、2011年4月から2015年3月の期間にスマートコミュニティの実証実験として実施された[18]。

　北九州市の「創造事業」は、「『エネルギーのグリッドと人のグリッドの融合』のもと、豊かな社会を創造する21世紀のまちづくり」を基本コンセプトとして、八幡東区東田地区（当時、72,888人・35,889世帯が居住）を対象に、26事業38項目の実証実験を実施した。その実証実験は、タウンメガソーラー、風力発電、省エネ、環境学習、カーボンオフセット、水素タウン、スマートグリッドなどを含んでおり、再生可能エネルギー発電、次世代自動車、スマートハウス、コジェネレーション・システム、省エネ家電、エネルギー管理・制御システム（以下、EMS）、デマンドレスポンス・サービス（以下、DR）といったスマートコミュニティの要素技術を導入す

ることによって実施された。「創造事業」の目標は、「事業全体として、市内標準街区と比較して、対象地区が実証実験期間中に二酸化炭素排出量を2005年度比で50％削減すること」であった。実際に、同事業は51.5％の削減を達成した。この削減を可能にした主な施策は、EMS、スマートメーター、次世代自動車を含む蓄電池、太陽光発電システムなどによる「電力需給の見える化」とDRの1つであるダイナミック・プライシングによる「電力需要のピークカットとピークシフトの実施」であった。ダイナミック・プライシングは、2013年6月から9月に12世帯に45回発動し、約20％のピークカット効果（＝省エネ・節電）が得られた。また、経済活動により電力消費が難しい事業者については、専門家による省エネ診断サービスを提供するなどして約7.5％のピークカット効果を達成した。

　北九州市は、上記の実証実験の成果を基に、インドネシア共和国ジャワ島東部の州都であるスラバヤ市[19]と協力して、スラバヤ市の電力供給が不安定な工業団地で、入居企業に対するコジェネレーション・システムによる電力供給と省エネサービスをセットにしたエネルギー・ビジネスのモデルを構築しようとしている。このような国際協力は、両市が環境姉妹都市覚書を交わしていること、ならびに北九州市が経済産業省からインフラ・システム輸出促進調査等委託事業を受託していることによる。

　以上のような北九州市における社会的な実証実験と国際協力は、地域住民が築き上げてきた地域資源（公害対策のノウハウや社会関係資本）の活用、および電力会社、自動車メーカー、住宅メーカー、電機・エレクトロニクス・メーカーなど多様な業界における環境経営やエコ・ビジネスの成果物（＝エコ・プロダクツ）の適用によってエネルギー問題に対応しようとする試みである。このような分散型エネルギー・システムの開発・実験の経緯を経て、現在、北九州市を中心とする九州エリアは関東に次いで太陽光発電の導入量が多い地域になっている[20]。このような経緯と技術的基盤が北九州市の「SDGs未来都市計画」「SDGs戦略（ビジョン）」および「地域エネルギー次世代モデル事業」の根拠になっている。

　「地域エネルギー次世代モデル事業」が成功裏に進むかどうかは、原発再稼働への対応、および企業による環境経営の発展にかかっている。企業に

よる環境経営については章を改めるとして、ここでは原発再稼働への対応
という点について述べる。先述した日本のエネルギー・ミックスの2030年
目標は原発再稼働を目指す政策であり、再生可能エネルギーによる電力供
給の割合の上限を設けている。このことが分散型エネルギー・システムの
発展の妨げになっている。たとえば、九州は原発4基が既に稼働している
一方で、関東に次いで太陽光発電が普及している地域であり、度々電力供
給過多になっている。電力供給量が電力需要量を上回ると、系統内の電圧
が高まってショートし、ブラック・アウトが生じる可能性があるため、発
電量を抑制する必要がある。九州電力は2018年10月以来、太陽光発電の
指定電気事業者に対して出力制御を繰り返し発令している。出力制御は、
上述の「創造事業」の終了直後の2015年4月に施行された「優先給電ルー
ル」に則って実施されている。表5に示すように、優先給電ルールは発電
量が電力需要を上回る場合、火力発電の出力を落としながらダムの揚水運
転による余剰電力の調整から始まり、それでも電力供給の過多が続く場合、
再生可能エネルギーによる発電の出力調整を順次行う。原子力発電は、出
力制御をかけると圧力容器に大きな負荷がかかり危険な状態になるなどの

表5　優先給電ルール：電力広域的運営推進機関送配電等業務指針
(2015年4月施行)

手順	具体的施策
1	火力発電の電源の出力制御と余剰分の揚水運転
2	小売電力業者のオンライン調整可能な供給電力の制御と揚水運転
3	オフライン電源への出力制御と揚水運転
4	超周期広域周波数調整
5	バイオマス専焼火力の制御
6	地元由来資源によるバイオマスの制御
7	風力・太陽光の出力制御
8	広域機関による融通指示
9	長期固定電源（原子力・水力・地熱）の制御

出所：日本ビジネス出版『環境ビジネス』2019年冬号、29ページを参考に筆者作成。

理由で、長期固定電源に位置付けられており、出力制御の最後の対象に
なっている。原発事故のリスクを回避するという点で優先給電ルールは合
理的であるとし、この合理的なルールに則って実施される出力制御もまた
合理性があるという「出力制御肯定論」がある。このような議論は、原発
を（再）稼働させることの合理性を問うものではなく、再生可能エネル
ギーの割合を増大させるというSDGsの目標7に逆行することはあっても、
貢献することはない。

4．日本のSDGsモデルを支える企業の環境経営

　持続可能な社会における企業の役割と課題を検討するという本稿の目的
との関連で、下川町と北九州市の事例において興味深いことは、分散型エ
ネルギー・システムの要素技術は、企業の環境経営やエコ・ビジネスの成
果物（＝エコプロダクツ）であるということである。北九州市の「地域エ
ネルギー次世代モデル事業」の技術的基盤は、主として同市におけるス
マートコミュニティの実証実験によって構築されたものである。具体的に
は、再生可能エネルギー発電（太陽光、風力、水素、地熱による発電）、蓄
電池（電気自動車や燃料電池自動車などの次世代自動車）、スマートハウス
(ZEH、省エネ建築物)、コジェネレーション・システム（高効率給湯器な
どの家庭用燃料電池)、省エネ家電（ICTや人感センサーを搭載した情報家
電)、エネルギー管理・制御システム（ICTやスマートメーターなどによる
地域・家庭・集合住宅・ビル施設・工場など各単位別のシステム)、DR
サービス（ESCOビジネス、省エネコンサルティング、アグリゲーション・
ビジネス）などである。このうち再生可能エネルギー発電と省エネ家電は、
エネルギー自給100％を目指す下川町でも導入が進んでいる。
　これらの要素技術の多くは、分散型エネルギー・システムのために開発
されたものというよりも、自動車、家電、住宅、電力など各業界において
環境経営の名の下に企業が展開する市場競争によって開発されてきた。た
とえば、電気自動車や燃料電池自動車は、世界中の排ガス規制への対応の
ために開発されたエコカーであり、蓄電池を搭載しているため、分散型エ

ネルギー・システムの要素技術として活用される。日本の自動車用蓄電池
は、トヨタ自動車とパナソニックの合弁会社であるプライムアースEVエ
ナジー（1996年設立）、日産とNECの合弁事業であるオートモーティブエ
ナジーサプライ（2007年設立）、本田技研工業とGSユアサの合弁事業であ
るブルーエナジー（2009年設立）、三菱自動車とGSユアサの合弁事業であ
るリチウムエナジージャパン（2007年設立）などによって開発・生産され
ている。燃料電池自動車の開発についてはトヨタ自動車とBMWが、日産
とフォードとダイムラーが、本田技研工業とGMがそれぞれ提携関係にあ
る。このように分散型エネルギー・システムの要素技術は、戦略的提携に
よる業種や国境を超えた企業間ネットワークの構築、およびオープン・イ
ノベーションによる競争によって開発・生産され、その性能を高めてきた
エコプロダクツである。その開発の成果を各業界における企業がエネル
ギー問題に適用することによって、分散型エネルギー・システムは成立し
ている。

5.　おわりに

　日本の行政は地方創生の一環としてSDGsの目標7への対応を考えてい
る。目標7との関連で日本の行政が育成し国際社会に発信しようとしてい
る日本のSDGsモデルは、本稿で取り上げてきた下川町と北九州市の事例
に代表されるように、その地域において歴史的に築かれてきた地域資源と、
環境経営の名の下に企業が展開する市場競争によって開発される分散型エ
ネルギー・システムの要素技術を基盤としている。各自治体の地方創生政
策や分散型エネルギー・システムは、地域社会の発展とその地域の住民の
生活向上に役立てるためのローカルな施策である。これらの施策は、国連
でSDGsが採択されたことによって、2030年までに持続可能な社会を構築
するというグローバルな共通目標に貢献し得る施策であるかどうかが問わ
れるようになった。地域住民の生活の向上と国際社会に貢献し得る持続可
能な地域社会を構築するためにも、企業は環境経営をより徹底しエコプロ
ダクツの品質を向上すること、ならびに行政・自治体と地域住民との連携

が重要になる。すなわち、社会と企業の持続可能な関係を構築し得る環境経営が企業経営の課題である。

注

1) 日本エネルギー経済研究所によれば、世界人口の増加と貧困が原因で、約11億人が電気へのアクセスを持たない生活をしており、約30億人が薪炭や畜糞など室内汚染につながる燃料を使って調理をしているという。国連が目標としている2030年時点でも約8億人が電力にアクセスできず、約25億人が室内汚染の危機を抱えながら調理を続けているという。日本経済エネルギー研究所（2018）54-55ページを参照。

2) 現時点で同イニシアチブに加盟している日本の企業・団体は、イオン、丸井グループ、生活協同組合コープさっぽろ、アスクル、ソニー、リコー、富士通、コニカミノルタ、芙蓉総合リース、城南信用金庫、積水ハウス、大和ハウス工業、大東建託、戸田建設、ワタミ、などである。詳細は、同イニシアチブのホームページを参照。

3) CE100は循環型経済を推進する代表的な団体であるイギリスのエレン・マッカーサー財団が運営するイニシアチブであり、現在、129のグローバル企業とスタートアップ企業ならびに国・地方政府団体等が加盟している。エレン・マッカーサー財団は別途、海洋プラスチック対策などに積極的に取り組む企業10社（グーグル、ユニリーバ、ナイキ、ダノン、フィリップス、ルノー、H&M、ソルベー、インテーザ・サンパオロ、SCジョンソン；2019年8月現在）をグローバル・パートナーと称し、これらの企業と連携して循環型経済への移行を推進している。詳細は同財団のホームページを参照。

4) 自然エネルギー財団（2019）を参照。

5) 外務省仮訳。

6) 同上。

7) 資源エネルギー庁（2018）を参照。

8) 2011年度から2014年度の日本の貿易収支は輸入化石燃料が主因となって貿易赤字を計上した。2015年度以降は為替相場が円高傾向にあるため、輸入化石燃料によるエネルギー供給への依存は続いたが貿易黒字に転換した。

9) 1970年代の2度にわたる石油危機は輸入化石燃料への依存のリスクを示している。

10) 日本環境研究所は日本国内の温暖化ガス（GHG）の排出量を「エネルギー、工業プロセスおよび製品の使用、農業、廃棄物」という4つの分野に分けて毎年計測している。同研究所によれば、2017年度の各分野のGHG排出量（CO_2換算）はエネルギー：11億3700万トン（排出量全体の88％）、工業プロセスおよ

び製品の使用：9930万トン（7.7％）、農業：3320万トン（2.6％）、廃棄物：2010万トン（1.6％）であった。エネルギー分野が日本のGHG排出量の80％以上を占めており、この傾向は、同研究所が計測を開始した1990年度から続いている。温室効果ガスインベントリオフィス編（2019）2-14-2-15ページを参照。

11) 同上。

12) 山田（2018）、足立（2014）を参照。

13) 次世代の火力発電の方式の1つである超々臨海圧発電は水蒸気を作る際に、極限まで高温・高圧にして蒸気タービンを回す技術である。コンバインド・サイクル発電とは、高温ガスを燃やしてガスタービンを回し、その排ガスの熱を再利用して蒸気を作ることで蒸気タービンを回す技術である。石炭ガス化複合発電はコンバインド・サイクル発電で使用する高温ガスを石炭から作る技術である。経済産業省資源エネルギー庁（2018）を参照。

14) 上掲、外務省仮訳。

15) 同上。

16) 北九州市（2018）を参照。

17) 北九州市の他にも、神奈川県横浜市（推進主体；横浜スマートシティプロジェクト）、愛知県豊田市（同；豊田市低炭素社会システム実証プロジェクト）、京都府けいはんな学研都市（けいはんなエコシティ次世代エネルギー・社会システム実証プロジェクト）が経済産業省のスマートコミュニティの実証実験に採択されている。

18) スマートコミュニティの概念については諸説あるが、ここでは、日本のSDGsモデルを検討するという本稿の目的の1つに照らして、日本におけるスマートコミュニティの開発・普及と国際展開の最大の推進母体であり、現在251の民間企業と団体が会員として参加している「スマートコミュニティ・アライアンス」（2010年4月発足）の定義を念頭に置いている。すなわち、スマートコミュニティとは、「電気の有効利用に加え、熱や未利用エネルギーも含めたエネルギーの『面的利用』や地域の交通システム、市民のライフスタイルの変革などを複合的に組み合わせたエリア単位での次世代のエネルギー・社会システム」である。スマートコミュニティ・アライアンス（2015年）を参照。

19) 同市は首都ジャカルタに次ぐ第2の都市であり、人口約300万人が生活している。

20) 環境エネルギー政策研究所『自然エネルギー白書2017』を参照。

参考文献

United Nations, *Transforming our world: the 2030 Agenda for Sustainable Development*, 18 September 2015（外務省仮訳『我々の世界を変革する：持続可能な開発のための2030年アジェンダ』）（https://www.mofa.go.jp/mofaj/files/000101402.pdf）

SDGs 推進本部「SDGs アクションプラン 2018 ─2019 年に日本の『SDGs モデル』の
　発信を目指して─」2017 年
　（https://www.kantei.go.jp/jp/singi/sdgs/pdf/actionplan2018.pdf）
SDGs 推進本部「SDGs アクションプラン 2019 ─2019 年に日本の『SDGs モデル』の
　発信を目指して─」2018 年
　（https://www.kantei.go.jp/jp/singi/sdgs/pdf/actionplan2019.pdf）
SDGs 推進本部「拡大版 SDGs アクションプラン 2018 ─2019 年に日本の『SDGs モデ
　ル』の発信を目指して─」2018 年
　（https://www.mofa.go.jp/mofaj/files/000403219.pdf）
足立辰雄『原発・環境問題と企業責任』新日本出版社、2014 年
温室効果ガスインベントリオフィス編、環境省地球環境局総務課低炭素社会推進室
　監修 『日本温室効果ガスインベントリ報告書 2019 年』国立開発研究法人国立環
　境研究所、 2019 年
　（http://www-gio.nies.go.jp/aboutghg/nir/2019/NIR-JPN-2019-v3.0_J_GIOweb.pdf）
外務省「持続可能な開発目標（SDGs）実施指針の概要」
　（https://www.mofa.go.jp/mofaj/gaiko/oda/sdgs/pdf/000241486.pdf）
環境エネルギー政策研究所『自然エネルギー白書 2017』
　（http://www.isep.or.jp/jsr/2017report）
北九州市『北九州市 SDGs 未来都市計画─「真の豊かさ」にあふれ、世界に貢献し、
　信頼される「グリーン成長都市」を目指して─』2018 年
　（https://www.city.kitakyushu.lg.jp/files/000814564.pdf）
北九州環境局環境未来都市推進室「『次世代エネルギー・社会システム実証』北九州
　スマートコミュニティ創造事業」環境局、2015 年
　（https://www.city.kitakyushu.lg.jp/files/000689061.pdf）
経済産業省資源エネルギー庁「さまざまなエネルギーの低炭素化に向けた取り組み」
　経済産業省、2018 年
　（https://www.enecho.meti.go.jp/about/special/tokushu/ondankashoene/co2sakugen.html）
　（最終アクセス：2019 年 9 月 2 日）
経済産業省資源エネルギー庁『スマートコミュニティ事例集』2017 年
　（https://www.city.kitakyushu.lg.jp/files/000689061.pdf）
事業構想研究所白田範史編『SDGs の基礎』事業構想大学出版部、2018 年
資源エネルギー庁「2030 年エネルギーミックス実現へ向けた対応について─全体整
　理─」 2018 年
　（https://www.enecho.meti.go.jp/committee/council/basic_policy_subcommittee/025/pdf/02
　5_008.pdf）
資源エネルギー庁・総務省「スマートコミュニティ構築に向けた取組」2014 年
　（https://www8.cao.go.jp/cstp/tyousakai/juyoukadai/energy/4kai/siryo3-3.pdf）

自然エネルギー財団『脱炭素社会へのエネルギー戦略の提案2050年CO_2排出ゼロの日本へ』第二版、自然エネルギー財団、2019年
（https://www.renewable-ei.org/pdfdownload/activities/REI_LongTermEmission ReductionStrategyProposal_v2_JP.pdf）

下川町編『下川町の概要―下川町町勢要覧資料編（2018年版）―』
（https://www.town.shimokawa.hokkaido.jp/shoukai/tyousei/files/2018siryouhen.pdf）

スマートコミュニティ・アライアンス『スマートコミュニティ－日本企業の取り組み－』第2版、2015年
（https://www.smart-japan.org/vcms_lf/library/JSCA_PR-magazine_web_single.pdf）

関正雄『SDGs経営の時代に求められるCSRとは何か』第一法規、2018年

内閣府地方創生推進室「『SDGs未来都市』等の選定について」2019年
（https://www.kantei.go.jp/jp/singi/tiiki/kankyo/teian/2019sdgs_pdf/sdgsfuturecityp-ress0701.pdf）

内閣府地方創生推進室「『SDGs未来都市』等の選定について」2018年
（https://www.kantei.go.jp/jp/singi/tiiki/kankyo/teian/pdf/result01.pdf）

日本経済エネルギー研究所「IEEJ Outlook 2019: エネルギー変革と3E達成への茨の道」The Institute of Energy Economics, Japan, 2018年
（https://eneken.ieej.or.jp/press/press181012.pdf）

日本ビジネス出版『SDGs経営―創造性とイノベーション―』Vol.1、日本ビジネス出版、2019年

日本ビジネス出版『環境ビジネス』2019年冬号、日本ビジネス出版、2019年

モニター・デロイト編『SDGsが問いかける経営の未来』日本経済新聞出版社、2018年

山田雅俊「原子力発電の持続不可能性」大西勝明・小阪隆秀・田村八十一編著『現代の産業・企業と地域経済』晃洋書房、2018年、234-243ページ

エレン・マッカーサー財団ホームページ（https://www.ellenmacarthurfoundation.org/）（最終アクセス：2019年9月2日）

外務省JapanSDGs Action Platformホームページ
（https://www.mofa.go.jp/mofaj/gaiko/oda/sdgs/award/index.html）（最終アクセス：2019年9月2日）

北九州市ホームページ（http://www.city.kitakyushu.lg.jp/soumu/file_0375.html）（最終アクセス：2019年9月2日）

下川町ホームページ（https://www.town.shimokawa.hokkaido.jp/index.html）（最終アクセス：2019年9月2日）

（やまだ まさとし／駒澤大学）

SDGsを徳島から考える
―ディーセント・ライフのための産学協同―

村　上　了　太（コーディネータ）

1．はじめに

　1999年、国際労働機関（International Labor Organization）がディーセント・ワーク（Decent Work）を提唱したことは記憶に新しい。そしてその邦訳として「まともな労働」という表現が浸透している。本シンポジウムでは、まともな労働を行うために必要な「まともな生活」（Decent Life、以下ディーセント・ライフ）を念頭に置いている。また、2019年度の日本比較経営学会の統一論題においてもSDGs（Sustainable Development Goals、持続可能な開発目標）をテーマに報告と討論がなされていることを踏まえ、双方のベクトルが重なる点として、「持続可能なディーセント・ライフとは何か」と問題提起がなされなければならない。

　徳島も他の地域と同じくして、人口減少が続いており、また明石海峡大橋や大鳴門橋などの開通で関西圏を初めとした本州への移動が容易になったため、人口流出が進んだのである。だが、こうした現状に対して、どのような取り組みがなされているのか。本シンポジウムを紐解くキーワードは、先述のディーセント・ライフである。ディーセント・ワークを実現させるためには、その基盤となるディーセント・ライフが維持されなければならない。地方でこのような状態を維持する前提には、都心部と同じく日用品や食料の購入が容易になされなければならない。だが、資本の論理で活動する企業は、将来性に見込みが立たなければ店舗を閉鎖せざるをえな

くなる。結果、地域住民が突如として買い物弱者の状態に陥ることになるのだが、こうした社会課題への解決に向けた取り組みが当地で産声を上げたのである。いわゆる「スーパーとくし丸」（以下、とくし丸）である。さらに、とくし丸のビジネスモデルには、食材や日用品を提供するスーパーマーケットの存在が欠かせない。このビジネスモデルをスーパーマーケット側から見れば、とくし丸が新規に店舗を開設しているとか、営業範囲を拡大しているという見方も可能である。また、地域連携や社会貢献事業を含めて、地域課題に対する大学の役割として、四国大学の取り組みも併せて検討されてきた。

　本シンポジウムは、持続的な取り組みによってディーセント・ライフが可能となる仕組みを考えることに意義を見いだしている。その仕組みを理解するキーワードを「民福学」に求め、さらには企業の社会的責任（Corporate Social Responsibility、以下CSR）および社会的企業の経済的課題についても触れておき、「社会課題の複合的対策」の必要性を論じていきたい。

2. 徳島の有する課題 ―シンポジウム開催の背景―

　さて、本報告では、徳島という地域に所在する課題に対してどのような取り組みがなされているか、またそれらの取り組みについて様々な課題なども検討されてきた。全国で起きている現象として高齢化や少子化という課題がある。この課題は、過疎地のみならず都心部においても様々な弱者を発生させている。様々な弱者のうち、大半は交通弱者に起因しているように考えられる。そして移動に不自由を来すがゆえに日常の買い物行動や医療機関への通院そして緊急搬送などに支障を来すことになる。ディーセント・ライフを送ることができないという課題をどのように解消し、さらにはその解消策を持続させていくか。ここに徳島を事例に掲げた理由がある。

　徳島の有する課題とは、中心商店街の衰退、山間部における急傾斜地での居住と交通弱者の問題など、日本の縮図を表している。かつて経済産業省や農林水産省によって「買い物弱者」[1]もしくは類似の概念がピックアッ

プされ（たとえば、買い物困窮者や買い物弱者）、様々な対策が行われてきたのだが、徳島の特徴は急傾斜地においても居住者が散見されることである。加えてさらに徳島の掲げる課題には、糖尿病による死亡率の高さがある。たとえば、「徳島県の糖尿病による死亡率は、08年から6年連続でワースト1位になった後、14〜16年はワースト5〜8位で推移していた」[2] と報道されている。徳島という地は、少子化・高齢化・過疎化の影響によって、さらには健康課題も抱えているなど、全国の地方が抱える課題の縮図を描写しているように考えられる。

　さらに特筆されるべきは、このような課題に対して果敢に解消に向かわせる風土があるということである。つまり、本シンポジウムで取り上げたとくし丸はもちろんのこと、「葉っぱビジネス」で全国に名を馳せた(株)いろどり、また神山町に集まるIT企業など、地域貢献型とか社会課題解決型と指摘されうる企業の諸活動が散見される。

3. キョーエイの「すきとく市」に見られる社会的包摂

　まずは、(株)共通開発取締役営業部長の小久見正人氏の報告を要約しておこう。キョーエイとは、徳島を拠点としたスーパーマーケットである[3]。年商は393億円（2019年2月現在）、従業員は1,857人である[4]。このスーパーマーケットでは2007年3月より「すきとく市」という名称で農産物の産直市が催されている[5]。具体的にいえば、「『すきとく市』はキョーエイ店舗内に開設されたインストアー型産直市です。生産者が精魂込めて作った農産物を自分で値段をつけて、好きな量だけ出荷できる現代版楽市、楽座です。キーワードは『三方良し』、地産地消、地域の地域による地域のための経営をめざしています。大きな特徴として、次の事項が挙げられます。①市場流通ではないので、規格外サイズ商品や、少量のロットでも販売可能、②自分が作った商品のこだわりをアピールできる、③既存ルート以外の販路拡大による収入UP、④朝採れ葉物は、鮮度抜群、⑤中間流通コストがないので、市場価格より安い、⑥生産者の顔が見えるので安全安心感がある、⑦安全安心を打ち出す事による集客力UP」[6] などが期待されている。

さらに2018年時点ではキョーエイのみならず、関西の他社スーパー66店舗まで展開しており、年商が20億円に至っている[7]。

　こうした取り組みに加えて社会的包摂として着目されるべき点を指摘したい。すなわち、農家から出荷された農産物を加工する（規格の統一、規格外品の選別、パッケージング、ラベリングなど）業務を非営利活動法人さくらに委託していることである。いわゆる民福連携事業が行われているのである。なお、すきとく市以外の生鮮部門はキョーエイ本体で行われている[8]。さくらの資料を見ると、1）障害福祉サービス事業として利用者に就労機会を提供していること（7名）、2）生産者の登録を斡旋していること（2名）、3）生きがいを感じる事業として親睦会（19名）などが実施されている[9]。

4. とくし丸による買い物弱者支援

　次に(株)Ｔサポート代表取締役の村上稔氏の報告を要約する。とくし丸は、地域のスーパーマーケットの商品を軽トラックに搭載して特定地域に向けて行う移動販売システムの総称である。特定の商品を除いて消費者からは負担金として1商品について10円を徴収し[10]、また委託販売手数料として商品価格の一定割合をスーパーマーケットから受け取る仕組みである。とくし丸の運転手（販売パートナーという）は、いわゆる個人事業主である。なお、とくし丸は徳島に端を発するシステムであるが、2019年現在では沖縄を除く46都道府県に進出していることも見逃せない[11]。

　本報告では、とくし丸のシステムのうち、地域内に存在する買い物弱者を検索するとともに、活動範囲を広げるという取り組みである。また、なにがしかの理由で利用を中断する際のサポートも行われている。さらに、顧客への戸別訪問を行いながら、日常会話を通じて安否確認が行われ、住民への見守り機能も有している[12]。現行の課題としては、とくし丸は営業活動の拠点となるスーパーマーケットから買い物弱者の居住する住宅があるルートを移動しながら商品を販売していくことになるが、一部の地域では、数キロメートルに渡って顧客の「空白地帯」を有することとが経済的

な課題となる。すなわち、買い物弱者へのサービスは、コンビニ大手の経営スタイルと同じく、顧客が「アメーバ状」に連なっていることが買い物弱者対策を実現させる条件であるといえる。なぜならば、移動販売では走行距離が延びるほど燃料費が嵩むことは自明の理であることから、可能であるならば買い物弱者が点在すると燃料費やその他の費用を回収するための営業範囲が定められてくるのである。なお、2018年現在におけるとくし丸の導入が多いスーパーマーケットを表1でまとめたとおり、西日本に比較的多いことも特徴的である。

　ここに社会的企業としての経済的課題が存在することが指摘できる。受益者負担として1アイテム10円を負担したとしても、それ以上に費用がかかる地域では、とくし丸でさえ進出動が不可能なのである。個人事業主は、顧客からの負担金1商品につき10円のうちの5円と販売した商品からの委託販売手数料として17％を得ることになる[13]。その中から車両費、燃料費その他の諸経費が支払われることになる。ここで指摘されるべきは、買い物弱者を2つのカテゴリーに分けることができるということである。すなわち、対象とされる買い物弱者と、提携するスーパーマーケットとの位置関係において、採算性を基準にした到達可能地域と到達困難地域が存在するのである。例えば山間の地域や架橋がなされていない離島など、とくし

表1　とくし丸の移動販売車が多い主な契約スーパーマーケット

名称	所在地	台数
天満屋ストア	岡山県	24 台
キョーエイ	徳島県	24 台
サニーマート	高知県	16 台
セブンスター	愛媛県	10 台
ニチエー	広島県	10 台
フクヤ	京都府	9 台
よこまちストア	青森県	8 台
ぎゅーとら	三重県	8 台

注：1）2018年7月現在。2）開業予定を含む。
出典：『日本経済新聞』2018年9月15日。

丸とはいえども移動販売が困難な事例がある。つまり、採算性という壁が立ちはだかっているのである。ではこの壁をどのように解決するかといえば、1）行政との連携、2）CSRの一環として収益性の高い事業からの補填、3）顧客の負担増（たとえば、+20円ルール）、4）委託販売手数料の見直し、などが検討されることになるであろう。

5. 四国大学による地域連携

　最後に四国大学専任講師（地域連携コアコーディネーター兼任）の峪口有香子氏の報告を要約する。四国大学は、2014年度に「地（知）の拠点事業」に「とくしまで学び育てる地域貢献型人材育成事業」（Center of Community、以下COC)[14] が、そして2015年度にCOC+事業として「とくしま元気印イノベーション人材育成プログラム」がそれぞれ採択されている。こうした地域連携事業では、地域の事業所、自治体そして大学が三位一体となって取り組まれており、徳島の有する様々な課題への取り組みがなされている。大学は得てして都市部に集まる傾向にあり、地方の若者を吸収することはあっても、雇用機会の格差によって都市部以外に若者を輩出する機会に乏しいと思われる。現役大学生の世代の若者に地域行事を体験させることにより、より地域に親しめる機会を提供して課題解決に取り組んでいる。
　ここで、SDGsとの関係で指摘されるべきは、外部予算と事業の持続可能性である。いわゆる「競争的資金」の獲得によって事業計画が遂行されるのだが、問題はその資金が有期であるということである。この限られた期間において、一定程度の成果も公表されている[15]。事業継続のためには、さらに長期の取り組みが必要になるのだが、この場合、大学単独の予算やその他との連携が模索されなければならない。持続可能な課題解消に対するキーワードは持続的な資金調達といえる。COC事業が2019年3月で終了したものの、継続して取り組まれている事業に持続可能性を指摘することができる。
　ムハマド・ユヌスは、かつて「大学が知識の宝庫だというなら、一部で

もいいから、その知識を周辺地域にも広げるべきだ。大学は、成果を社会に還元せずに、学者が知識をきわめるだけの孤島であってはならない」[16]と述べたとおり、大学のガラパゴス化は避けられるべきである。このような視点で地域との連携を模索し続けている四国大学の取り組みに引き続き着目していきたい。

6. まとめ
―SDGsを徳島から考える上での課題―

　本シンポジウムは、SDGsを徳島から考える企画であった。持続可能なディーセント・ライフは今後とも保証されるのだろうか。本シンポジウムから得られたことは「日常的な買い物が支障なく保証されて、なおかつ健康的・文化的な生活を送ることができる状態」ということになるのではないだろうか。過疎化の進展や事業承継の問題などで地域の小売商店が閉鎖を余儀なくされると、たちまち買い物弱者が生ずる。買い物弱者対策にはいくつかの手法がすでに存在しているが、持続可能ならしめる仕組みをとくし丸に見いだすことができた。

　では、このようなディーセント・ライフをベースとした今回のシンポジウムは、SDGsが掲げる国際目標と、どのように関連するだろうか。結論を先に言えば、国際目標のうち、目標4の「教育」、目標10の「不平等」、目標11の「持続可能な都市」そして目標12の「持続可能な消費と生産」などに該当する。四国大学の取り組みは生涯学習も包含されているし、徳島の都市部と山間部における買い物に関する「不平等」そしてそれを埋め合わせようとするとくし丸の「持続可能な都市」の追求、さらには民福連携による「持続可能な消費と生産」という諸点に関連性を見いだすことができる。

　自宅玄関までとくし丸が出向くための費用を「プラス10円ルール」として受益者負担の仕組みを作り上げ、また提携先の小売店からは委託料を徴収することによって、すなわちビジネスとして買い物弱者を持続的に救済できるのである。ただし、とくし丸の課題としては、買い物弱者の居住

地域が「連鎖的に」存在していない地域へのアクセスである。とくし丸の販売員は個人事業主であることから、提携スーパーマーケットからの委託料と顧客からの負担金が主要な収入源であり、移動販売車の購入費用や燃料費などが主要な支出となる。このようなことから、近隣の顧客が存在せず[17]、孤立した集落に対する費用対効果の問題が横たえられているといわざるを得ない。すなわち社会的企業の経済的限界が見え隠れするのである。

　企業の有する性質とは、組織存続のための採算性、それに基づく収入源の安定的確保と支出面でのコスト管理、要するに両者を合わせた損益分岐点の把握に行き着くことになる。社会的企業でさえ、事業本体に収益性が見込まれなければ存在できないことから、行政からの補助金・助成金もしくは独自財源の確保が必要になる。こうした対策が取られない限り、遅かれ早かれ、買い物弱者は買い物難民化によって家族の住む別の地域への転居を余儀なくされ、さらに地域の課題が深刻化していくことになる。

【謝辞】本シンポジウムでは、報告者や参加者の方々から様々な質疑応答が交わされながら充実した時間を過ごすことができた。構想から実施まで足かけ1年の歳月を要したが、結果的に本シンポジウムは、成功裏に幕を閉じることができたと自負している。最後に、ご登壇いただいた報告者の皆様、シンポジウムを聴講いただいた会員や一般参加の方々、そして全国大会プログラム委員長の齋藤敦先生、そして徳島文理大学の学生スタッフの皆様に厚くお礼を申し上げる。

注

1）「買い物弱者」や「買い物難民」とは何か。簡潔には、吾郷貴紀「買い物弱者問題の背景」吾郷貴紀編著『買い物弱者への多面的アプローチ』白桃書房、2019年、1～2ページに「何らかの理由により、日常の買い物に困窮する人々」とまとめられている。すなわち、日常生活に支障を来してディーセント・ライフが不可能な状態である。

2）『徳島新聞』2018年6月2日（電子版:https://www.topics.or.jp/articles/-/55452:アクス）。

3）なお、同社ではSDGsに関する取り組みをウェブサイトおよび動画で公開している（https://www.kyoei-group.co.jp/sdgs-sono1/および https://www.kyoei-group.co.jp/sdgs-sono2/、いずれも 2019年8月25日アクセス）。

4）キョーエイウェブサイト（https://www.kyoei-group.co.jp/overview/:2019年8月

25日アクセス）。また、「＜数表＞第51回17年度の小売業調査」『日経MJ』（流通新聞）2018年6月27日によると、同社の規模は第243位にランキングされている。
5）『朝日新聞』2008年6月26日。
6）徳島経済研究所「徳島県内の消費者志向経営の取り組み」『徳島経済』2018年春号、105ページ。
7）『朝日新聞』2018年3月15日。
8）小久見正人氏へのインタビューによる（2019年4月27日）。
9）『2018年度特定非営利活動法人さくら事業報告書』（https://www.npo-home-page.go.jp/npoportal/document/036000339/hokoku/201870/2018%E5%B9%B4%E5%BA%A6%E4%BA%8B%E6%A5%AD%E5%A0%B1%E5%91%8A%E6%9B%B8%E7%AD%89.pdf:2019年9月12日アクセス）。
10）（株）とくし丸ウェブサイト（（株）とくし丸ウェブサイト（https://www.tokushi-maru.jp/about2/:2019年7月25日アクセス）。
11）同上ウェブサイト（https://www.tokushimaru.jp/zenkoku/:2019年7月25日アクセス）。
12）（株）とくし丸ウェブサイト（https://www.tokushimaru.jp/about2/:2019年9月12日アクセス）。
13）田口広樹「買物難民に向き合うソーシャル・ビジネス」『マーケティングジャーナル』第36巻第3号、2016年、120ページ。
14）事業内容は、四国大学ウェブサイト（https://www.shikoku-u.ac.jp/coc/:2019年7月20日アクセス）を参照されたい。
15）たとえば、COCポータル（http://www.coc-all.jp/coc/questionnaire/:2019年7月20日アクセス）を参照されたい。
16）MuhammadYunus, "Banker to the Poor", Public Affairs, New York, 2007, p34.
17）筆者が徳島市内にあるとくし丸事業者に同行したところでは、当該地域で1〜2分ごとに販売設備の設営、商品販売、顧客とのコミュニケーション、片付けそして移動を繰り返していた。ここでいう「孤立した」集落とは、この当該地域から離れているという意味であり、燃料費等の変動費用が平均以上になってしまうことと、販売額が見込まれないという2つの関係性から算出される。つまり、買い物弱者と呼ばれる地域に複数の消費者が存在し、なおかつ採算に見合うと判断される地域がとくし丸の進出エリアを決定づけることになる。

（むらかみ　りょうた／沖縄国際大学）

ドイツにおける監査役兼任による
企業間人的ネットワークと「金融資本」
——1965年株式法後の時期における
主要業種の代表的企業の分析——

山　崎　敏　夫

1. 問題の所在

　現代の大企業は、単独で意思決定し行動するのではなく、業務上の関係、資本関係や人的結合関係などのさまざまな方法によって企業間関係という相互依存、相互作用のなかで協調関係を築き、それを生かしながら経営を展開している。そのような企業間関係に基づく産業集中の体制を国際比較の視点からみると、主要諸国の間の一般的傾向とともに、各国の独自的な展開がみられる。ドイツの産業集中体制は同国資本主義の「協調的」特質[1]と深くかかわる重要な要素をなすものであり、産業・銀行間関係、企業間結合の特殊的なあり方はそのひとつの基軸をなすものである。

　レーニンによって定式化された「産業と銀行の融合・癒着」という問題[2]をめぐっては、企業間の資本関係（投資、融資）や、人的関係（監査役兼任）を分析してみると、「金融資本」という範疇、すなわち、産業独占と銀行独占の癒着・融合が確認されうることになる。トップ・マネジメントの二層制となっているドイツでは、ユニバーサル・バンク制度のもとでの寄託議決権の制度も基礎になり、大銀行による多くの企業の監査役会への役員の派遣、役員兼任が広範に展開されてきたが、産業企業による他社の監査役会への役員派遣も多くみられる。それは、企業間の利害や種々の

コンフリクトが市場競争よりも協議において調整されるという協調的な企業間関係の基盤をなすものである。

　しかし、ある企業A社の監査役が他社のB社の監査役会において直接兼任の関係を有しており、さらにB社の監査役会メンバーが異なる企業C社の監査役会ポストの兼任を行うという関係が成立している場合には、A社とB社という2社の間のたんなる役員兼任による人的結合のレベルを超えて、A社をめぐる企業間の人的ネットワークが成立することになる。複数の企業が役員兼任のような人的結合のラインで結びつけられると、「距離」の概念が生じるが[3]、例えば、ネットワークの起点となる企業であるA社からみた場合、「A社→B社」を「距離1」、「B社→C社」を「距離2」としてとらえると、「距離2」の範囲でのA社をめぐる監査役会を舞台とする企業間の人的ネットワークが成立することになる。同様に「A社→X社」、「X社→Y社」というかたちで監査役兼任が成立している場合には、A社をめぐる「距離2」の範囲のネットワークはさらに拡大することになる（**図1参照**）。この「距離2」の範囲での人的ネットワークは、企業間の情報の集積、交換・共有、情報フロー・メディアという点で重要な意味をもつものである。

　それゆえ、銀行業ほか、鉄鋼業、化学産業、電機産業、自動車産業などのドイツの基幹産業部門の代表的な大企業においてどのような人的ネット

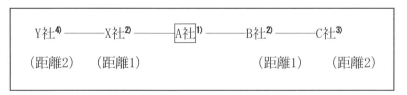

図1　「距離2」の範囲での人的ネットワークの概念図

注：1）　A社はこのネットワークの起点となる企業。
　　2）　B社、X社はA社と直接結びついている「距離1」の位置にある企業。
　　3）　C社はB社と直接結びついているが、A社からみるとB社を介して間接的に結びついている「距離2」の位置にある企業。
　　4）　Y社はX社と直接結びついているが、A社からみるとX社を介して間接的に結びついている「距離2」の位置にある企業。

ワークの構造が構築されてきたのか、その特徴やネットワーク内での個別企業の位置、重みがどのようになっているのかという点が、重要な問題となる。すなわち、①ネットワークを形成している企業の全体構造、その性格（まとまりぐあい）を示す凝集性が各社のネットワークではどのようになっているのか、②ネットワークのなかでの中心・中核をなすのはどの企業であり、そのような企業はいかなる産業の企業であるのかといった点が、解明されるべき重要な問題となる。しかし、これらの重要業種における代表的企業の「距離2」の範囲での監査役兼任ネットワークの個別具体的な構造については、これまでの研究において必ずしも十分に解明されてはこなかった[4]。本稿は、主要業種の代表的企業をめぐる監査役兼任ネットワークの構造を分析[5]し、トップ・マネジメントのレベルにおける人的結合関係に焦点をあわせて戦略的意思決定のための情報伝達のネットワークを把握するなかで、「金融資本」のドイツ的特徴の解明をとおして研究上のこうした空白を埋めることを意図している。

　本稿では、1965年株式法後の60年代末の時期を取り上げて考察する。戦勝国の占領政策のもとで実施された第2次大戦後の大企業の解体と1950年代後半に本格的に始まった再結合によって、50年代末から60年代初頭にかけての時期には産業集中体制の再編がいったん終了することになった。その後、1965年株式法によって1人の人物が保有しうる監査役のポスト数が制限される[6]なかで、60年代末頃の時期に戦後ドイツにおける企業間人的結合のシステムの基本型が築かれることになり、それがその後の時期にも受け継がれ、長く維持されることになったということが、その理由をなす。また考察対象となる監査役兼任ネットワークの範囲は「距離2」とする。「距離3」以上のネットワークの場合には当該個別企業をめぐる企業間関係の色彩が弱まること、また「距離1」の場合には当該個別企業のみを中心としたネットワークが対象となるということが、その理由である[7]。

　以下では、2.において企業間人的結合に関する社会的ネットワーク分析の方法についてみていく。3.では銀行業の代表的企業のネットワークの構造について考察する。つづく4.から7.では、産業企業のネットワークとして、鉄鋼業，化学産業、電機産業、自動車産業の代表的企業の事例をそれ

ぞれ取り上げて分析する。それらをふまえて、**8.** では、本稿での分析から得られる理論的含意を提示する。さらに**9.** では今後の研究課題について述べる。

2. 社会的ネットワーク分析による企業間 人的結合の考察方法とその特徴

本稿では、社会的ネットワーク分析の方法に依拠して監査役兼任による企業間人的ネットワークの構造の解明を試みるが、この分析の方法[8] においては、「密度」と「中心性」という2つの概念がキーをなす。ここにいう「密度」とは、企業間関係のつながり（全体構造）の凝集性の強さを測定する指標である。それは、理論上可能な結合を行った場合の連結数（ライン総数）に対する実際の連結数（ライン数）の割合で示され、後者を前者で除した数値として算出される。計算式としては、実際の連結数をL、ネットワークの規模を示す頂点数（構成企業の数）をnとすると、理論上可能な結合を行った場合の連結数はn(n-1)÷2となり、密度＝L÷n(n-1)/2となる。**図2**はネットワークの密度と当該ネットワーク内における中心性を説明するための概念図であり、そこには7社がネットワークを構成する企業として存在し、実際の連結数は6であるが、理論上可能な結合を行った場合の連結数は7×(7－1)/2＝21であるので、密度は6÷21＝0.286となる。

一方、「中心性」とは、企業間関係のつながり（構造）のなかである単独の企業がどれだけ多くの他の企業とのつながりがあるか、すなわち隣接する企業数（頂点の連結の程度を示す尺度である「隣接度」）によって計測される。それは、ネットワークにおける単独企業の他の企業とのつながりの強さを測定する指標である。**図2**に基づいて「中心性」を測定すると、このネットワークは、A社からみて距離2のネットワークとなっているが、A社、E社の隣接度は3、D社のそれは2、B社、C社、F社、G社のそれは1となっている。隣接度の数値から、A社とE社が相対的に中心性の高い企業であるとみなされる。

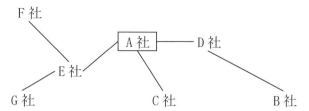

図2　ネットワークの「密度」と当該ネットワークにおける「中心性」
注：￼で囲まれたＡ社はこのネットワークの起点となる企業。

　「密度」と「中心性」は、企業間の人的ネットワークについて全体をみるのか、あるいは特定の企業をみるのかという点で異なっており、両者は、それぞれが異なる性格をもつ概念である。密度は、ネットワーク全体における構成企業の相互作用の頻度と結びつきの広がり（割合）を示すものである。「密度」の測定によって、ネットワークを構成する企業のつながりの割合、まとまりぐあいを表す凝集性が把握され、ネットワーク全体の性格の把握、いかなる業種・産業のどの企業のネットワークの凝集性が強いかという点の解明が可能となる。一方、「中心性」は、ネットワークのなかでの中心・中核をなすのはどの企業であるのか、すなわち、ネットワーク内の個別企業の重み、相対的な位置づけを明らかにするものである。人的なつながりのある企業数である「隣接度」によって測定される「中心性」は、当該ネットワークのなかで多くの企業との人的結合によってさまざまな業種・産業の企業の情報をもたらしうるような中核的位置を占める会社の特定を可能にするものである。この点での業種・産業間の比較や企業間の比較が有効である。

3．銀行の監査役兼任ネットワークの構造
——ドイツ銀行の事例——

　そこで、以下では、主要業種の代表的企業の人的ネットワークをみていくことにするが、まず銀行業の企業をめぐる監査役兼任ネットワークの構

造について考察を行うことにする。ここでは、最有力の銀行であるドイツ
銀行について考察する。

　まず、兼任のみられる企業数である隣接度によって測定される「中心性」
についてみると（**表1参照**）、監査役兼任ネットワークを構成しているドイ
ツ銀行と「距離1」の範囲内に位置する企業（65社）のなかで、隣接度の
重い順から上位10社中、銀行業が2社、保険業が1社であり、これらの金
融機関3社を除く7社が非金融企業であった。その産業別の内訳をみると、
炭鉱業が1社、鉄鋼業が1社、金属産業・金属加工業が1社、化学産業が1
社、電機産業が1社、自動車産業が1社、電力業・ガス産業・エネルギー
産業が1社であった。これらの上位10社の隣接度は80から57の間に分布
していた。最も高い中心性を示していた企業は、銀行業のDeutsche
Ueberseeische Bankであった。電力業・ガス産業・エネルギー産業の
Rheinisch-Westfälisches Elektrizitätswerk AG（隣接度77）、炭鉱業のPreuβag
AG（同74）、自動車産業のDaimler-Benz AG（同66）がそれにつづいていた。
ドイツ銀行と化学産業のDegussaが隣接度65でともに5位に位置していた。
電機産業のSiemens AGの隣接度は63、保険業のAllianz Versicherungs-AG
のそれは62であった。さらに鉄鋼業のFried.Krupp GmbHと金属産業・金
属加工業のMetallgesellschaft AGの隣接度はともに57であり、同順位の9
位であった。それゆえ、上位5社（5位に同一順位の企業が2社存在するた
め6社）でみると、銀行業が2社、炭鉱業が1社、化学産業が1社、自動車
産業が1社、電力業・ガス産業・エネルギー産業が1社となっていた。

　このように、銀行の隣接度は上位10社のなかで1位と5位を占めており、
銀行の中心性が相対的に高かったが、情報フローの結節点としての役割に
おいて大きな位置を占める最上位の隣接度を示す企業としては、鉄鋼業、
化学産業、電機産業、自動車産業などのドイツの基幹産業門における最有
力企業の中心性も高かった。なお鉄鋼業のFried.Krupp GmbHについては、
同社がドイツ銀行のネットワークにおいて中心的な位置を占めていたのは、
クルップ・コンツェルンの親会社にあたる企業であったことから事業会社
とは異なり銀行との関係が深いものとならざるをえなかったという事情が
関係していたといえる。

表1　ドイツ銀行のネットワークにおける構成企業の「中心性」[1]

順位	企　業　名	隣接度 [2]	業種・産業
1	Deutsche Ueberseeische Bank	80	銀行業
2	Rheinisch-Westfälisches Elektrizitätswerk AG	77	電力業・ガス産業・エネルギー産業
3	Preußag AG	74	炭鉱業
4	Daimler-Benz AG	66	自動車産業
5	Deutsche Bank AG[3]	65	銀行業
5	Degussa	65	化学産業
7	Siemens AG	63	電機産業
8	Allianz Versicherungs-AG	62	保険業
9	Fried.Krupp GmbH	57	鉄鋼業
9	Metallgesellschaft AG	57	金属産業・金属加工業
11	Karstadt AG	56	流通業
11	Allianz Lebensversicherungs-AG	56	保険業
13	Süddeutsche Zucker-AG	55	その他の産業
14	Rütgerswerke und Teerverwertung AG	51	化学産業
15	VTG(Vereinigte Tanklager und Transportmittel GmbH)	50	交通業
16	Deutsche Linoleum-Werke AG	46	繊維・紡績・織物産業
17	Gelsenkirchener Bergwerke AG	45	炭鉱業
17	Bayer AG	45	化学産業
19	Otto Wolff AG	44	鉄鋼業
20	Deutsche Continental-Gas-Gesellschaft	43	電力業・ガス産業・エネルギー産業

注：1) ドイツ銀行と距離1の範囲での兼任先企業をあわせた66社のうち、隣接度でみた上位20位内の企業をリストアップしたもの。
2) 中心性は、兼任のみられる企業数である隣接度によって測定される。
3) 下線を引いた企業は、このネットワークの起点となる企業であるドイツ銀行。

出所：G.Mossner（Hrsg.）, *Handbuch der Direktoren und Aufsichtsrate—seit 1898—*, Bd. Ⅰ, Nach Personen geordnet, Jahrgang 1970/71, Finanz- und Korrespondenz-Verlag, Berlin, Deutsche Bank AG, *Geschäftsbericht*, 各年度版, *Handbuch der deutschen Aktiengesellschaften*, 各年度版, *Handbuch der deutschen Grossunternehmen*, 各年度版を基に筆者作成。

さらに上位20位でみても、銀行は1位と5位の2社のみであった。銀行業以外では、炭鉱業が2社（3位、17位）、鉄鋼業が2社（9位、19位）、金属産業・金属加工業が1社（9位）、化学産業が3社（5位、14位、17位）、電機産業が1社（7位）、自動車産業が1社（4位）、繊維・紡績・織物産業が1社（16位）、流通業が1社（11位）、保険業が2社（8位、11位）、電力業・ガス産業・エネルギー産業が2社（2位、20位）、交通業が1社（15位）、その他の産業が1社（13位）となっていた。

　またネットワーク全体の性格を示す凝集性についてみると、それは密度の尺度によって測定されるが、密度は0.0077138であった。ドイツ銀行の監査役会メンバーによる「距離1」の範囲での兼任がみられた企業数は65社、「距離2」の範囲でのネットワークを構成する企業は総数702社であり、「距離2」の範囲で構成されるネットワークにおける頂点数は非常に多かった。

4.　鉄鋼業企業の監査役兼任ネットワークの構造
——アウグスト・ティッセンの事例——

　つぎに、基幹産業部門の企業のネットワークについて考察を行うことにするが、まず鉄鋼業を取り上げて分析する。ここでは、同産業の最も代表的な企業のひとつであるアウグスト・ティッセンについてみていく。

　兼任のみられる企業数である隣接度によって測定される「中心性」についてみると（**表2参照**）、監査役兼任ネットワークを構成しているアウグスト・ティッセンと「距離1」の範囲内の企業（56社）のなかで、隣接度の重い順から上位10社中、銀行業が4社、保険業が1社であり、金融機関の中心性は相対的に高かった。これらの金融機関5社を除く5社が非金融企業であった。産業別の内訳をみると、鉄鋼業が2社、金属産業・金属加工業が1社、電機産業が1社、電力業・ガス産業・エネルギー産業が1社であった。これらの10社の隣接度は123から53の間に分布していた。最も高い中心性を示していた企業は、銀行業のAusfuhrkredit-GmbHであった。電力業・ガス産業・エネルギー産業のRheinisch-Westfälisches Elektrizitätswerk

表2 アウグスト・ティッセンのネットワークにおける構成企業の「中心性」[1]

順位	企 業 名	隣接度[2]	業種・産業
1	Ausfuhrkredit-GmbH	123	銀行業
2	Rheinisch-Westfälisches Elektrizitätswerk AG	77	電力業・ガス産業・エネルギー産業
3	Siemens AG	63	電機産業
4	Münchener Rückversicherungs-Gesellschaft	61	保険業
5	Rheinisch-Westfälische Boden-Credit-Bank	60	銀行業
6	Dresdner Bank AG	58	銀行業
7	Fried. Krupp GmbH	57	鉄鋼業
7	Metallgesellschaft AG	57	金属産業・金属加工業
9	August Thyssen-Hütte AG[3]	56	鉄鋼業
10	Investitions- und Handels-Bank	53	銀行業
11	Handelsunion AG	48	流通業
12	Braunschweig-Hannoversche Hypothekenbank	47	銀行業
13	AUDI NSU AUTO UNION AG	46	自動車産業
14	Paulaner-Salvator-Thomsbräu AG	42	醸造業
14	Kaufhof AG	42	流通業
14	Frankfurter Hypothekenbank	42	銀行業
17	Eisen- und Hüttenwerke AG	40	鉄鋼業
18	Hüttenwerke Siegerland AG	39	鉄鋼業
19	Allgemeine Hypothekenbank AG	37	銀行業
19	Chemie-Verwaltungs-AG	37	その他の産業

注：1）August Thyssen-Hutte AG と距離1の範囲での兼任先企業をあわせた57社のうち、隣接度でみた上位20社をリストアップしたもの。
　　2）中心性は、兼任のみられる企業数である隣接度によって測定される。
　　3）下線を引いた企業は、このネットワークの起点となる企業である August Thyssen-Hutte AG。
出所：G.Mossner（Hrsg.），*a.a.O.*，August Thyssen-Hutte AG，*Geschäftsbericht*，各年度版，*Handbuch der deutschen Aktiengesellschaften*，各年度版，*Handbuch der deutschen Grossunternehmen*，各年度版を基に筆者作成。

AG（隣接度77）、電機産業のSiemens AG（同63）、保険業のMünchener Rückversicherungs-Gesellschaft（同61）、銀行業のRheinisch-West-fälische Boden-Credit-Bank（同60）、Dresdner Bank AG（同58）がそれに続いていた。7位は鉄鋼業のFried.Krupp GmbHと金属産業・金属加工業のMetallgesellschaft AGであり、ともに隣接度57であったが、前者は、アウグスト・ティッセンとは競争関係にあるクルップ・コンツェルンの親会社であった。アウグスト・ティッセンの隣接度は56であり、9位に位置していた。10位は銀行業のInvestitions- und Handels-Bankであり、その隣接度は53であった。それゆえ、上位5社でみると、銀行業が2社、電機産業が1社、保険業が1社、電力業・ガス産業・エネルギー産業が1社となっていた。

　このように、上位5社と10社のいずれでみても、銀行の隣接度は相対的に重くなっていた。ただその場合でも、上位の大半を銀行が占めるという状況には必ずしもなかった。いくつかの銀行がネットワークのなかで最も中心的な位置を占め、多くの企業との人的な結びつきを有していたが、情報フローの結節点としての役割において大きな位置を占める最上位の隣接度を示す企業としては、電機産業や電力業・ガス産業・エネルギー産業などの重要な産業部門の代表的企業もみられた。

　上位20位でみても、銀行は1位、5位、6位、10位、12位、14位、19位を占めており、合計7社であった。銀行業以外では、鉄鋼業が4社（7位、9位、17位、18位）、流通業が2社（11位、14位）、金属産業・金属加工業が1社（7位）、電機産業が1社（3位）、自動車産業が1社（13位）、醸造業が1社（14位）、保険業が1社（4位）、電力業・ガス産業・エネルギー産業が1社（2位）、その他の産業が1社（19位）となっていた。

　またネットワーク全体の性格を示す凝集性についてみると、密度は0.0072951であった。アウグスト・ティッセンの監査役会メンバーによる「距離1」の範囲での兼任がみられた企業数は56社、「距離2」の範囲でのネットワークに属する企業数は649社であった。その数は、ドイツ銀行のネットワークの場合（702社）よりはやや少なかった

5. 化学産業企業の監査役兼任ネットワークの構造
——BASFの事例——

　また鉄鋼業とならぶドイツ資本主義の最も代表的な基幹産業部門のひとつである化学産業について考察を行うことにする。ここでは、BASFの事例を取り上げてみていく。

　兼任のみられる企業数である隣接度によって測定される「中心性」についてみると（**表3参照**）、監査役兼任ネットワークを構成しているBASFと「距離1」内の企業（31社）のなかで、隣接度の重い順から上位10社中、銀行業が2社、保険業が2社であり、金融機関の中心性は相対的に高かった。これらの金融機関4社を除く6社が非金融企業であった。産業別の内訳をみると、鉄鋼業が1社、金属産業・金属加工業が1社、化学産業が1社、電機産業が1社、自動車産業が1社、電力業・ガス産業・エネルギー産業が1社であった。これらの上位10社の隣接度は80から56の間に分布していた。最も高い中心性を示していた企業は、銀行業のDeutsche Ueberseeische Bankであった。電力業・ガス産業・エネルギー産業のRheinisch-Westfälisches Elektrizitätswerk AG（隣接度77）、自動車産業のDaimler-Benz AG（同66）がそれに続いていた。銀行業のDeutsche Bank AGと化学産業のDegussaはともに隣接度65であり、4位に位置していた。電機産業のSiemens AG（隣接度63）、保険業のAllianz Versicherungs-AG（同62）がそれに続いていた。鉄鋼業のFried. Krupp GmbHと金属産業・金属加工業のMetallgesellschaft AGは、ともに隣接度57で8位に位置していた。7位のAllianz Versicherungs-AGと同じ資本系列である保険業のAllianz Lebensversicherungs-AG（隣接度56）が10位に位置していた。それゆえ、上位5社でみると、銀行業が2社、化学産業が1社、自動車産業が1社、電力業・ガス産業・エネルギー産業が1社であった。なおBASFの隣接度は31であり、21位に位置していた。

　このように、上位5社と10社のいずれでみても、銀行の隣接度は相対的に重くなっており、1位と4位に位置していた。その意味でも、銀行は、

表3　BASFのネットワークにおける構成企業の「中心性」[1] [2]

順位	企　業　名	隣接度 [3]	業種・産業
1	Dutsche Ueberseeische Bank	80	銀行業
2	Rheinisch-Westfälisches Elektrizitätswerk AG	77	電力業・ガス産業・エネルギー産業
3	Daimler-Benz AG	66	自動車産業
4	Deutsche Bank AG	65	銀行業
4	Degussa	65	化学産業
6	Siemens AG	63	電機産業
7	Allianz Versicherungs-AG	62	保険業
8	Fried.Krupp GmbH	57	鉄鋼業
8	Metallgesellschaft AG	57	金属産業・金属加工業
10	Allianz Lebensversicherungs-AG	56	保険業
11	Süddeutsche Zucker-AG	55	その他の産業
12	Deutsceh Linoleum-Werke AG	46	繊維・紡績・織物産業
13	Otto Wolff AG	44	鉄鋼業
14	Brown, Boveri & Cie,AG	42	電機産業
15	Deutsche Lufthansa AG	41	交通業
16	Hoesch AG	39	鉄鋼業
17	Glanzstoff AG	37	化学産業
18	Continental Gummi-Werke AG	35	化学産業
18	Zellstofffabrik Waldhof	35	化学産業
20	Gebr.Stumm GmbH	34	炭鉱業

注：1）BASF AG と距離1の範囲での兼任先企業をあわせた32社のうち、隣接度でみた上位20位内の企業をリストアップしたもの。

　　2）中心性は、兼任のみられる企業数である隣接度によって測定される。

　　3）BASF AG の隣接度は31であり、順位は21位。

出所：G.Mossner（Hrsg.）, *a.a.O.,* BASF AG, *Geschäftsbericht*, 各年度版, *Handbuch der deutschen Aktiengesellschaften*, 各年度版, *Handbuch der deutschen Grossunternehmen*, 各年度版を基に筆者作成。

ネットワークのなかで最も多くの企業との人的な結びつきを有していた企業に属し、情報の結節点としての役割において大きな位置を占めていた。ただ最上位の隣接度を示す企業としては、電力業・ガス産業・エネルギー産業のほか、化学産業、自動車産業などの重要な製造業部門の代表的企業もみられた。

またネットワーク全体の性格を示す凝集性についてみると、密度は0.0110665であった。BASFの監査役会メンバーによる「距離1」の範囲での兼任がみられた企業数は31社、「距離2」の範囲でのネットワークに属する企業は総数466社であった。その数は、ドイツ銀行のネットワークの場合(702社)やアウグスト・ティッセンのそれの場合(649社)と比べるとかなり少なかった。

6. 電機産業企業の監査役兼任ネットワークの構造
——ジーメンスの事例——

つぎに、ドイツの基幹産業部門をなす電機産業の主要企業のネットワークについて考察を行う。ここでは、2大独占企業のひとつであったジーメンスを取り上げて分析する。

兼任のみられる企業数である隣接度によって測定される「中心性」についてみると(**表4参照**)、監査役兼任ネットワークを構成しているジーメンスと「距離1」内の企業(63社)のなかで、隣接度の重い順から上位10社(10位の企業が2社存在するため11社)中、銀行業が3社、保険業が2社であり、金融機関の中心性は相対的に高かった。これらの金融機関5社を除く6社が非金融企業であり、その産業別の内訳をみると、鉄鋼業が1社、金属産業・金属加工業が1社、電機産業が1社、自動車産業が1社、電力業・ガス産業・エネルギー産業が2社であった。これら上位10位内の企業の隣接度は80から57の間に分布していた。隣接度が80であり最も高い中心性を示していた企業は、銀行業のDeutsche Ueberseeische Bankであった。電力業・ガス産業・エネルギー産業のRheinisch-Westfälisches Elektrizitätswerk AG(隣接度77)、自動車産業のDaimler-Benz AG(同66)、銀行業の

表4　ジーメンスのネットワークにおける構成企業の「中心性」[1]

順位	企　業　名	隣接度 [2]	業種・産業
1	Deutsche Ueberseeische Bank	80	銀行業
2	Rheinisch-Westfälisches Elektrizitätswerk AG	77	電力業・ガス産業・エネルギー産業
3	Daimler-Benz AG	66	自動車産業
4	Deutsche Bank AG	65	銀行業
5	Siemens AG[3]	63	電機産業
6	Allianz Versicherungs-AG	62	保険業
7	Münchener Rückversicherungs-Gesellschaft	61	保険業
8	Dresdner Bank AG	58	銀行業
8	Bergmann-Elektricitäts-Werke AG	58	電力業・ガス産業・エネルギー産業
10	Fried.Krupp GmbH	57	鉄鋼業
10	Metallgesellschaft AG	57	金属産業・金属加工業
12	August-Thyssen-Hütte AG	56	鉄鋼業
12	Allianz Lebensversicherungs-AG	56	保険業
14	Mannesmann AG	55	鉄鋼業
14	Süddeutsche Zucker-AG	55	その他の産業
16	Rütgerswerke und Teerverwertung AG	51	化学産業
17	Handelsunion AG	48	流通業
17	Hermes Kreditversicherungs-AG	48	保険業
19	Gelsenkirchener Bergwerks-AG	45	炭鉱業
19	Bayer AG	45	化学産業
19	Chemische Werke Hüls AG	45	化学産業
19	Berliner Disconto Bank	45	銀行業

注：1) Siemens AG と距離 1 の範囲での兼任先企業をあわせた 64 社のうち、隣接度で
　　　みた上位 20 位内の企業（19 位の企業が 4 社存在するため 22 社）をリストアッ
　　　プしたもの。
　　2) 中心性は、兼任のみられる企業数である隣接度によって測定される。
　　3) 下線を引いた企業は、このネットワークの起点となる企業である Siemens AG。
出所：G.Mossner (Hrsg.), *a.a.O.*, Siemens AG, *Geschäftsbericht*, 各年度版, *Handbuch der
　　　deutschen Aktiengesellschaften*, 各年度版, *Handbuch der deutschen Grossunternehmen*,
　　　各年度版を基に筆者作成。

Deutsche Bank AG（同65）がそれに続いており、上位に位置していた。ジーメンスの隣接度は63であり、同社は第5位に位置していた。保険業Allianz Versicherungs-AG（隣接度62）、Münchener Rückversicherungs-Gesellschaft（同61）がそれに続いていたが、銀行業のDresdner Bank AGと電力業・ガス産業・エネルギー産業のBergmann-Elektricitätswerke AGがともに隣接度58で8位に位置していた。さらに鉄鋼業のFried.Krupp GmbHと金属産業・金属加工業のMetallgesellschaft AGがともに隣接度57で10位に位置していた。それゆえ、上位5社でみると、銀行業が2社、電機産業が1社、自動車産業が1社、電力業・ガス産業・エネルギー産業が1社となっていた。

また上位20位（19位の企業が数社存在するため22社）でみると、銀行業が4社（1位、4位、8位、19位）、保険業が4社（6位、7位、12位、17位）、鉄鋼業が3社（10位、12位、14位）、化学産業が3社（16位、19位、19位）、電力業・ガス産業・エネルギー産業が2社（2位、8位）、炭鉱業が1社（19位）、金属産業・金属加工業が1社（10位）、電機産業が1社（5位）、自動車産業が1社（3位）、流通業が1社（17位）、その他の産業が1社（14位）であった。銀行業と保険業の企業の数自体は相対的に多かった。

このように、上位5社と10社のいずれでみても、銀行業の企業の隣接度は相対的に重くなっており、1位、4位、8位に位置していた。その意味でも、これらの銀行がネットワークのなかで最も多くの企業との人的な結びつきを有していた企業に属し、情報フローの結節点としての役割において大きな位置を占めていた。

またネットワーク全体の性格を示す凝集性についてみると、密度は0.0093689であった。ジーメンスの監査役会メンバーによる「距離1」の範囲での兼任がみられた企業数は63社、「距離2」の範囲でのネットワークに属する企業数は648社であった。その数は、ドイツ銀行のネットワークの場合（702社）よりはやや少なかったが、アウグスト・ティッセンのそれの場合（649社）とほぼ同じ水準であり、BASFのネットワークの場合（466社）よりはかなり多かった。

7. 自動車産業企業の監査役兼任ネットワークの構造
——ダイムラー・ベンツの事例——

　さらに、第2次大戦後に鉄鋼業、化学産業や電機産業とならぶ有力な基幹産業部門に発展した自動車産業についてみていくことにする。ここでは、最も代表的な企業のひとつであるダイムラー・ベンツを取り上げて考察を行う。

　兼任のみられる企業数である隣接度によって測定される「中心性」についてみると（**表5参照**）、監査役兼任ネットワークを構成しているダイムラー・ベンツと「距離1」内の企業（65社）のなかで、隣接度の重い順から上位10社中、銀行業が2社、保険業が1社であり、これらの金融機関3社を除く7社が非金融企業であった。産業別の内訳をみると、鉄鋼業が1社、金属産業・金属加工業が1社、化学産業が1社、電機産業が2社、自動車産業が1社、電力業・ガス産業・エネルギー産業が1社であった。これらの上位10社の隣接度は81から57の間に分布していた。隣接度が81であり最も高い中心性を示していた企業は、電機産業のAEGであった。銀行業のDeutsche Ueberseeische Bank（隣接度80）、電力業・ガス産業・エネルギー産業のRheinisch-Westfälisches Elektrizitätswerk AG（同77）がそれに続いているが、自動車産業のダイムラー・ベンツの隣接度は66であり、同社は4位に位置していた。化学産業のDegussと銀行業のDeutsche Bank AGはともに隣接度65であり、5位に位置していた。7位は電機産業のSiemens AG（隣接度63）であったが、8位は鉄鋼業のFried.Krupp GmbH、金属産業・金属加工業のMetallgesellschaft AG、保険業のGerling Konzern Allemeine Versicherungs-AGの3社（隣接度57）であり、上位10社内に入っていた。それゆえ、上位5社（5位の企業が2社みられたために6社）でみると、銀行業が2社、化学産業が1社、電機産業が1社、自動車産業が1社、電力業・ガス産業・エネルギー産業が1社となっていた。

　また上位20位でみると、銀行業が3社（2位、5位、13位）、保険業が3社（8位、14位、19位）、電機産業が3社（1位、7位、19位）、鉄鋼業が2

表5　ダイムラー・ベンツのネットワークにおける構成企業の「中心性」[1]

順位	企 業 名	隣接度[2]	業種・産業
1	Allgemeine Elektricitäts-Gesellschaft AEG-Telefunken	81	電機産業
2	Deutsche Ueberseeische Bank	80	銀行業
3	Rheinisch-Westfälisches Elektrizitätswerk AG	77	電力業・ガス産業・エネルギー産業
4	<u>Daimler-Benz AG[3]</u>	66	自動車産業
5	Degussa AG	65	化学産業
5	Deutsche Bank AG	65	銀行業
7	Siemens AG	63	電機産業
8	Fried. Krupp GmbH	57	鉄鋼業
8	Metallgesellschaft AG	57	金属産業・金属加工業
8	Geling-Konzern Allgemeine Versicherungs-AG	57	保険業
11	Karstadt AG	56	流通業
12	Süddeutsche Zucker-AG	55	その他の産業
13	Commerzbank AG	54	銀行業
14	Gerling-Konzern Lebensversicherungs-AG	53	保険業
15	Kammgarnspinnerei Stöhr & Co. AG	52	繊維・紡績・織物産業
16	Rütgerswerke und Teerverwertung AG	51	化学産業
17	AUDI NSU AUTO UNION AG	46	自動車産業
18	Buderus'sche Eisenwerke	43	鉄鋼業
19	Brown, Boveri & Cie, AG	42	電機産業
19	Gerling-Konzern Friedrich Wilhelm Lenbens-versicherungs-AG	42	保険業

注：1）Daimler-Benz AG と距離1の範囲での兼任先企業をあわせた67社のうち、隣接
　　　度でみた上位20位内の企業をリストアップしたもの。
　　2）中心性は、兼任のみられる企業数である隣接度によって測定される。
　　3）下線を引いた企業は、このネットワークの起点となる企業である Daimler-Benz
　　　AG。
出所：G.Mossner（Hrsg.), *a.a.O.*, Daimler-Benz AG, *Geschäftsbericht*, 各年度版, *Handbuch
　　　der deutschen Aktiengesellschaften*, 各年度版, *Handbuch der deutschen
　　　Grossunternehmen*, 各年度版を基に筆者作成。

社（8位、18位）、化学産業が2社（5位、16位）、自動車産業が2社（4位、17位）、金属産業・金属加工業が1社（8位）、繊維・紡績・織物産業が1社（15位）、流通業が1社（11位）、電力業・ガス産業・エネルギー産業が1社（3位）、その他の産業が1社（12位）であった。これらの上位20社のなかでは、銀行業、保険業、電機産業の企業の数は相対的に多かった。

このように、上位5社と10社のいずれでみても、銀行業の企業の隣接度は相対的に重くなっており、2位、5位に位置していた。その意味でも、これらの銀行がネットワークのなかで最も多くの企業との人的な結びつきによって、情報フローの結節点としての役割において大きな位置を占めていたといえる。ダイムラー・ベンツと同業種である自動車産業の企業は、上位5社でみても、また上位10社でみても同社1社にすぎなかった。

またネットワーク全体の性格を示す凝集性についてみると、密度は0.0097477であった。ダイムラー・ベンツの監査役会メンバーによる「距離1」の範囲での兼任がみられた企業数は66社、「距離2」の範囲でのネットワークに属する企業は総数639社であった。その数は、ドイツ銀行のネットワークの場合（702社）よりはやや少なかったが、アウグスト・ティッセン（649社）やジーメンス（648社）とほぼ同じ水準であり、BASFのネットワークの場合（466社）よりはかなり多かった。

8. 監査役兼任ネットワークの構造からみる
企業間人的結合の特徴と意義

以上の考察において、「距離2」の範囲での監査役兼任ネットワークの構造からみた企業間人的結合を明らかにしてきた。ネットワーク分析には、監査役会の会長や副会長など兼任の職位のもつ意味や情報の質は考慮されることにならないという制約・限界があるが、「密度」と「中心性」という2つのキー概念からみたネットワーク分析から得られる理論的含意を提示することにしよう。

まず各社のネットワークの凝集性を測定する指標である「密度」についてみると、ドイツ銀行の場合には0.0077138、アウグスト・ティッセンの場

合には0.0072951、BASFの場合には0.0110665、ジーメンスの場合には0.0093689、ダイムラー・ベンツの場合には0.0097477となっており、銀行のネットワークの凝集性、すなわちまとまりぐあいが産業企業と比べ強いというわけではない。一般的に、ネットワークを構成する企業数が少ない場合には密度が濃くなる傾向にあるが、本稿で考察した5社のなかでは、BASFのケースがそれに該当する。企業間でネットワークの密度が類似しているケースがみられるが、「距離2」の範囲での構成企業に一定の共通性がみられ、そのために兼任のある企業の構成、兼任のありように、ある程度の類似性がみられることが、それに関係していると考えられる。こうした状況は、各社の監査役会には他社の出身の監査役が多いことによる兼任関係の広がりという、ドイツ的な企業間関係の特質を反映したものであり、英米や日本とは異なり経営執行機関である取締役会ではなく監査役会での兼任であることによるものである。ドイツ型のトップ・マネジメント機関構造においては、取締役会のみが業務執行機関であり監査役会によって執行機能が担われてはならないとされており、同意権による関与の可能性はみられるが、業務の監督と執行の分離[9]という点が、両者の明確な分離のみられない英米型のトップ・マネジメント機関構造における取締役会とドイツ型の監査役会の位置づけの相違をなす。

　また各社ネットワークの「中心性」の分析をふまえていえば、金融機関の中心性は相対的に高く、銀行が隣接度という点で上位に位置しているケースが多かった。しかし、銀行が中心性という点で最上位層の大部分を占めるという状況には必ずしもなかった。またドイツ銀行自体のネットワークにおいても、当該銀行が隣接度において5位に位置していたとはいえ、最上位にあったわけでは必ずしもなかった。銀行と産業企業のいずれのネットワークでも、基幹産業の製造業部門や保険業、電力業・ガス産業・エネルギー産業などの企業も上位に位置しており、中心性の高い企業はいくつかの重要な業種や産業に分散している傾向にあった。本稿で取り上げた企業のなかでも、ジーメンスやアウグスト・ティッセンは同族企業としての性格をもつ企業であったが、中心性の高い企業は他の3社のネットワークの場合とある程度類似していたという傾向には、「距離2」の範囲

でのネットワーク構成企業において一定の共通性がみられたことが関係していたといえる。

　銀行も産業企業も、業務上の関連・つながりから多くの関連性のある産業やその企業との結びつきが重要な意味をもつが、広い業種・産業の他社との人的つながりの多い企業ほど、業務上にかかわる情報の入手の強い裏づけをもつことになる。例えば、銀行が融資を行うさいには、融資先の候補となる企業の資金需要、その根拠・背景となる当該産業・事業に対する需要などの、業務上のさまざまな情報を人的結合関係から入手することが重要となる。それゆえ、広い業種・産業の他社との人的つながりの多い企業ほど業務上にかかわる情報の入手の強い裏づけをもつことになる。

　本稿での発見事実をふまえていえば、監査役兼任による人的ネットワークをとおして形成される企業間の結合関係のなかで、情報フローの結節点という面では、産業企業など各企業の経営、業務執行に対する銀行の強い影響圏が貫徹しているわけでは必ずしもない。人的ネットワークのなかでの情報フロー・メディアの役割という点では、銀行のみならず重要な産業の有力企業も中心的な位置にあった。その意味では、監査役兼任による人的ネットワークのなかでは、情報フローの結節点として銀行は重要な位置を占めるとはいえ、銀行も一担い手であるという面が強いといえる。

　寄託議決権制度のもとで、株式総会において監査役会のメンバー構成を決定しうる権能である「会社支配」では銀行支配が妥当するが、「会社の事業と資産に対する支配」（「会社統治」[10]）では状況は異なる。「会社統治」の観点からみると、銀行の監査役と産業企業の監査役の人的ネットワークというかたちでの、産業と銀行が一体となった「金融資本」が実在するということになる。そこでは、企業間の人的ネットワークのなかで銀行が情報フロー・メディアの結節点として決定的な影響を単独あるいは大銀行の連携によって行使しているというわけでは必ずしもない。いくつかの重要な産業の有力企業も中心的な位置を占め、多くの企業との人的な結合つながりをとおして情報のフロー・結節点において重要な役割を果たすかたちとなっていた。

　このように、産業企業と銀行の間の双方向での監査役会ポストの兼任に

よる産業独占と銀行独占の人的結合、融合のかたちで金融資本家が会社統治の中核的な担い手が担っており、彼らは、監査役兼任を通したトップ・マネジメントとして機能している。第2次大戦前には、銀行の利害の貫徹を重視した工業政策としての「銀行による産業への影響」、銀行優位の産業と銀行の融合・癒着というかたちでの結合という性格が強かったといえるが[11]、戦後にはこの点に変化がみられる。監査役兼任による人的ネットワークにおける銀行をはじめとする主要産業の代表的企業が中核的位置を占める情報フロー・メディアとしての機能を駆使した産業・銀行間の結合、融合となっており、「銀行と産業企業の利害一体的な業務統治」が展開されるようになったといえる。

　もとより、産業側には産業利潤・商業利潤の最大化、銀行側には利子・配当の極大化という基本的利害があるが、産業企業側では「利子」は費用となる一方で銀行側では収入となるなかで、両者が対立的関係にならないための産業利潤・商業利潤の最大化が、銀行側の利子・配当の極大化の前提をなしている。「産業側の利潤（産業利潤・商業利潤）の最大化と銀行側の利子・配当の極大化」という産業・銀行間の利害の融合・一体化のもとで、両者の同時的実現のためのメカニズムが、銀行と産業企業の双方向での監査役兼任による企業間人的結合、人的ネットワークの構造、それを基礎にした情報フロー・メディアの機構によって形成されている。そのような産業と銀行の利害一体的な経営展開による企業・産業・経済の発展のためのドイツ的機構としての「産業システム」が築かれてきたといえる。この点にこそ、産業と銀行の融合・癒着による「金融資本」の内実が表れているとともに、「金融資本」の戦後のドイツ的特徴のひとつがみられる。

　以上の考察からも明らかなように、企業の監査役会の構成を決定する権能という「会社支配」の問題とととともに、最高意思決定の機能の行使という問題にもかかわる、企業間関係、産業・銀行間関係、したがってドイツ金融資本の機能の現実的な現象形態としての、経営活動における「生かし方」（「会社統治」）の現れにこそ、本質的な問題がある。ある企業の役員兼任による人的結合が直接的なつながりのある会社の範囲を超えて、兼任先の会社と第3の他社との人的なつながりをも含めて人的ネットワークが形

成され、そこから得られる情報とその共有をとおして大企業の経営が展開されてきた。人的ネットワークをとおしての情報の集積、交換・共有はある案件をめぐっての共通認識を促すことにもなりうるものであり、そのような場合には当該企業の間での情報の共有は一層重要な意味をもつことになろう。そのような情報フロー・メディアにおいて銀行のみならず重要な産業部門の企業が結節点として重要な役割を果たすという人的ネットワークの構造がみられる。この点に、産業と銀行の融合・癒着による「金融資本」としての経営展開とその基盤があるといえる。本稿の研究は、従来のドイツの企業間人的結合をめぐって、他の理論的な見方やアプローチでの理解をネットワーク分析によって補完するものであり、新たな理解のポイントを加えるものであるといえる。これまでの研究では、「会社支配」と「会社統治」の問題が厳密に区別されて捉えられてきたわけでは必ずしもない。しかし、両者の間の区別、実態の相違の理解が重要であり、本研究は、こうした問題へのアプローチによって「従来のドイツ金融資本分析と経営学的分析とのつながり」をもたらすものである。

9. 今後の研究課題

　本稿でのネットワーク分析の手法に基づく「中心性」の考察においては、「距離2」の範囲で形成される各社のネットワークのなかで、情報フロー・メディアの結節点として中核的な位置にある企業の特定、それをふまえた「会社統治」のありようの解明を試みたものである。しかし、実際には、監査役会会長という職位の役割・意味や銀行代表の監査役のもつ情報の質など、経営において作用するさまざまな諸要因が、産業・銀行間の関係に関係してくるであろう。

　上述したように、ネットワーク分析の手法には、こうした点が考慮されることにならないという制約・限界があり、この点をいかに補うかということが重要な問題となる。そこで、本稿で取り上げた企業のネットワークのなかで各構成企業の監査役会メンバーが監査役会会長のポストによる兼任を行っていた件数の多い企業5社について補足的にみておくと、以下の

ようになる。ドイツ銀行のネットワークでは、同行は38社で38件、電機産業のジーメンスは37社で37件、化学産業のDegussa AGは35社で38件、保険業のAllianz Versicherungs-AGは33社で33件、銀行業のDeutsche Ueberseeische Bankは32社で32件の監査役会会長のポストによる兼任関係を有していた。以下、同様の数値をみると、アウグスト・ティッセンのネットワークでは、ジーメンスは37社で37件、銀行業のAusfuhrkredit GmbHは33社で33件、電力業・ガス産業・エネルギー産業Rheinisch-Westfälisches Elektrizitätswerk AGは31社で31件、銀行業のドレスナー銀行は30社で31件、保険業のMünchener Rückversicherungs-Gesellschaftは27社で27件の監査役会会長のポストによる兼任関係を有していた。BASFのネットワークでは、ドイツ銀行は38社で38件、ジーメンスは37社で37件、Degussa AGは35社で38件、Allianz Versicherungs-AGは33社で33件、Deutsche Ueberseeische Bankは32社で32件の監査役会会長のポストによる兼任関係を有していた。ジーメンスのネットワークでは、ドイツ銀行は38社で38件、ジーメンスは37社で37件、Allianz Versicherungs-AGは33社で33件、Deutsche Ueberseeische Bankは32社で32件、Rheinisch-Westfälisches Elektrizitätswerk AGは31社で31件の監査役会会長のポストによる兼任関係を有していた。ダイムラー・ベンツのネットワークでは、ドイツ銀行は38社で38件、ジーメンスは37社で37件、Degussa AGは35社で38件、Deutsche Ueberseeische Bankは32社で32件、Rheinisch-Westfälisches Elektrizitätswerk AGは31社で31件の監査役会会長のポストによる兼任関係を有していた[12]。このように、本稿で取り上げた複数の企業のネットワークにおいて、監査役会会長のポストによる兼任件数が多かった上位5社に同じ企業がみられたという点、そのなかでのドイツ銀行の位置の高さという点が特徴的であるが、上位5社に占める銀行は同行1社のみであった。また保険会社のAllianz Versicherungs-AGは、3社のネットワークにおいて監査役会会長のポストの保有件数でみた上位企業5社のなかに入っていた。

　一方、本稿で取り上げた5社のネットワークにおいて隣接度でみて上位5位内に位置する企業は炭鉱業のPreußag AG、化学産業のDegussa、電機

産業のSiemens AG、Allgemeine Elektricitäts-Gesellschaft AEG-Telefunken、自動車産業のDaimler-Benz AG、銀行業のDeutsche Bank AG、Deutsche Ueberseeische Bank、Ausfuhrkredit-GmbH、Rheinisch-Westfälische Boden-Credit-Bank、保険業のMünchener Rückversicherungs-Gesellschaft、電力業のRheinisch-Westfälisches Elektrizitätswerk AGの11社であったが、なかでもドイツ銀行はそのうちの3社において監査役会会長のポストを有していた[13]。ここでの考察は、ネットワーク分析の手法のもつ上記の限界・制約を補うためにこのような着眼点を加味しようとするものであるが、どのような有効な方法がありうるかという点のさらなる検討が必要となろう。この点については、今後の重要な研究上の課題をなす。

　また、本稿は、役員兼任制が企業間の情報フロー・メディアとしての重要な機能を果たすという点[14]に着目して、トップ・マネジメントのレベルにおける人的結合関係に焦点をあわせて戦略的意思決定のための情報伝達のネットワークを解明せんとするものであるが、この点に関わって、つぎの点が、解明されるべき重要な問題として残されている。そのような構造をとおして集積・共有された情報とはどのような内容のものであるのか、情報フロー・結節点において「中心性」の高い中核的位置にある企業が実際に果たす機能の解明が、重要な問題となってくるであろう。この点については、一次資料・史料の探索を行うなかで、また個別のケースによる実際の機能の考察をとおして、今後取り組んでいきたい。

　さらに、本稿での考察は、第2次大戦前の時期との比較によっても補われることが必要かつ重要であろう。戦前と戦後で監査役兼任ネットワークの構造にはどのような変化がみられるのか。ことに産業と銀行の融合・癒着による「金融資本」の態様、そこにおける銀行の位置・役割が解明されるべき重要な問題となろう。今後の課題としたい。

　最後に、本稿において取り上げた1960年代末の時期の「戦後ドイツにおける企業間人的結合の基本型」という点との関連で現在の状況についてみると、投資銀行業務の比重の増大という同国大銀行の経営行動の変化、銀行による他社の株式保有の減少、企業の資金調達条件の変化などのもとで、銀行による産業企業への役員派遣の減少、銀行と産業の関係の変化が指摘

されている[15]。しかし、その一方で、銀行にとっては投資銀行部門の経営展開に有効な人物の監査役としての受け入れが、一層重要な意味をもつようになってきた。ことにドメスティックな人的ネットワークからグローバルなそれへの展開が重要な意味をもつようになるなかで、1990年代以降のグローバル段階の時期における企業間人的結合にとっては、そのような課題に対応していく上で有効な構造への変革が重要な意味をもつようになってきたといえる。また寄託株式による銀行の議決権行使、それも含めた銀行間の協調にどのような変化がみられるのかという点との関連での考察も重要となってこよう。こうした問題についての考察についても、今後の課題としたい。

注

1) 例えばA.D.Chandler, Jr., *Scale and Scope : The Dynamics of Industrial Capitalism,* Harvard University Press, Berkley, Massachusetts, 1990〔安部悦生・川辺信雄・工藤章・西牟田祐二・日高千景・山口一臣訳『スケール・アンド・スコープ 経営力発展の国際比較』有斐閣、1993年〕を参照。

2) V.L Lenin, *Империализм, ак высшая стадия капитализма : популярный очерк,* 2-е изд, Москва : Партийное издво, 1932〔聴濤弘訳『帝国主義論』新日本出版社、1999年〕.

3) 仲田正機・細井浩一・岩波文孝『企業間の人的ネットワーク―取締役兼任制の日米比較―』同文舘、1997年、40ページ参照。

4) 例えば、P.Windorf, *Corporate Networks in Europe and the United States*, Oxford University Press, New York, 2002, P.Windorf, The Corporate Networks in Germany, 1896-2010, T.David, G.Weserhuis（eds.）, *The Power of Corporate Networks. A Comparative and Historicl Perspective*, Routledge, New York, 2014, K.Krenn, *Alle Macht den Banken? Zur Struktur personaler Netzwerke deutscher Unternehemen am Beginn des 20.Jahrhundert*, Springer, Wiesbaden, 2012, R.Ziegler, D.Beuder, H.Biehler, Industry and Banking in the German Corporate Network, F.N.Stokman, R.Ziegler, J.Scott（eds.）, Networks of Corporate Power. A Comparative Analysis of Ten Countries, Polity Press, Cambridge, 1985〔上田義朗訳『企業権力のネットワーク 10カ国における役員兼任の比較分析』文眞堂、1993年〕など参照。また先行研究には、「距離1」の範囲での人的ネットワークの分析もみられる。

5) 本稿では、役員兼任の状況に関する資料として、各社の営業報告書、*Handbuch der deutschen Aktiengesellschaft*、*Handbuch der Grossunternehmen*のほか、

人名録にあたる内容が記載されている G.Mossner（Hrsg.）, *Handbuch der Direktoren und Aufsichtsräte —seit 1898 —*, Bd.Ⅰ, Nach Personen geornet, Jahrgang 1970/71（Finanz- und Korrespondenz-Verlag, Berlin）に依拠して分析を行う。役員の出身企業での職位や兼任先の企業での職位については、同書の記載は各社の営業報告書等の記載と一致しないこともあるが、分析の一貫性を確保するために、G.Mossner編の資料の記載に基づいて考察を行っている。

6) Vgl.H.Pfeiffer, *Die Macht der Banken. Die personellen Verflechtungen der Commerzbank, der Deutschen Bank und der Dresdner Bank mit Unternehemen*, Campus, Frankfurt am Main, 1993, S.158-159, H.Pfeiffer, Großbanken und Finanzgruppen. Ausgewählte Ergebnisse einer Untersuchung der personellen Verflechtungen von Deutscher, Dresdner und Commerzbank, *WSI Mitteilungen*, 39. Jg, Nr.7, Juli 1986, S.477, K-H.Stanzick, Der ökonomische Konzentrationsprozeß, G. Schäfer, C. Nedelmann（Hrsg.）, *Der CDU-Staat.Analysen zur Verfassungswirklichkeit der Bundesrepublik*, Bd.Ⅰ, 2.Aufl., Schurkamp, München, 1969, S.72, H.O.Eglau, *Wie Gott in Frankfurt: Die Deutsche Bank und die deutsche Industrie*, 3. Auflage, Econ Verlag, Düsseldorf, 1989, S.128〔長尾秀樹訳『ドイツ銀行の素顔』東洋経済新報社、1990年、96ページ〕, H.Pfeiffer, Das Netwerk der Großbanken. Personelle Verflechtungen mit Konzernen, Staat und ideologischen Apparaten, *Blätter für deutsche und internationale Politik*, 31. Jg, Heft 2, 1986, S.164.

7) 仲田・細井・岩波、前掲書、40ページ参照。

8) 企業間人的結合に関する社会的ネットワーク分析の方法に関するここでの記述については、同書、第2章、2.3を参照。

9) Vgl.H.U.Abshagen, *Aufsichtsrat und Beirat. Die praktische Arbeit*, 2. Aufl., Rudolf Haufe Verlag, München, 2007, S.55-56, S.58, S.60-61, S.64-65.

10) J.スコットは、取締役会の構成を決定する権能にかかわる問題を「会社支配」（corporate control）、「会社の事業と資産に対する支配」にかかわる問題、すなわち、取締役会が担う会社全般の戦略的決定という意思決定に関する権能の経営者による現実的な行使を「会社統治」（corporate rule）という用語でもって区別している（J.Scott, Corporate Control and Corporate Rule: Britain in an International Perspecive, *The Britisch Journal of Sociology*, Vo.41, No.3, September1990, pp.352-353, p.371)。「会社支配」の問題をめぐっては、監査役会と取締役会というトップ・マネジメントの二層制を採用するドイツの場合には、株主総会において資本側の監査役会メンバーの構成を決定することができる力（権能）を「支配」（control）とみることが適切であろう。

11) 例えばO.Jeidels, *Das Verhältnis der deutschen Großbanken zur Industrie mit besonderer Berücksichtigung der Eisenindustrie*, Duncker & Humblot, Leipzig, 1905〔長坂聰訳『ドイツ大銀行の産業支配』勁草書房、1984年〕参照。

12) この点については、G.Mossner（Hrsg.）, *a.a.O.*, を参照。

13) *Ebenda, Handbuch der deutschen Aktiengesellschaften* のほか、各社の営業報告書を参照。

14) この点については、例えば、B.Mintz, M.Schwartz, *The Power Structure of American Businenn*, The University of Chicago Press, Chicago, London, 1985, pp.134-135〔浜川一憲・高田太久吉・松井和夫訳『企業間ネットワークと取締役兼任制——金融ヘゲモニーの構造——』文眞堂、1994年、185-187ページ〕、仲田・細井・岩波、前掲書などを参照。

15) S.Beck, F.Klobes, C.Scherrer, Conclusion, S.Beck, F.Klobes, C.Scherrer（eds.）, *Surviving Globalization? Perspectives for the German Economic Model*, Springer, Dordrecht, 2005, p.228, U.Jürgens, K.Naumann, J.Rupp, Shareholder Value in an Adverse Environment: the German Case, *Economy and Society*, Vol.29, No.1, February 2000, p.70, Monopolkommission, *Hauptgutachten 2006/2007. Weniger Staat, mehr Wettbewerb. Gesundheitsmärkte und staatliche Beihilfen in der Wettbewerbsordnung*（Hauptgut-achten der Monopolkommission, XVII）, 1. Aufl., Nomos-Verlagsgesellschaft, Baden-Baden, 2008, S.198, M.Höpner, Corporate Governance in Transition: Ten Empirical Findings on Shareholder Value and Industrial Relations in Germany, *MPIfG*（*MaxPlanck-Institut für Gesellschaftsforschung*）*Discussion Paper 01/5*, October 2001, p.26, p.50.

（やまざき としお／立命館大学）

台湾における最低賃金の雇用への影響
——外食産業を中心に——

國　府　俊一郎

1. はじめに

　2019年1月1日、台湾の最低賃金にあたる「基本工資」の改定が施行され、月給で支払われる労働者の1カ月の最低賃金（以下、「月給の最低賃金」と略す）が23,100ニュー台湾ドル（以降「NT$」と略す。2019年8月11日の為替相場は1NT$ = 3.4円であるから、23,100NT$ = 78,540円である）になり、時間給で支払われる労働者の1時間あたりの最低賃金（以下、「時給の最低賃金」と略す）は150NT$（510円）となった。2016年5月に蔡英文が総統になって以来、台湾の最低賃金は引き上げの傾向が続いており、蔡の執政3年間で月給の最低賃金は15.5％引き上げられた。台湾における急激な最低賃金の引き上げは、その雇用や賃金にどのような影響を与えているのだろうか。

　本研究は、台湾の最低賃金制度の現状と成り立ちを踏まえた上で、公表されている統計データを用いて、最低賃金引き上げによる雇用と賃金への影響について外食産業を中心に分析を行う。外食産業に焦点を絞るのは、最低賃金に近い賃金で雇用される労働者（以下、「最低賃金労働者」と称す）が比較的多い産業だからである。IT化の進展に伴い、高度な熟練を必要とする高賃金の雇用と熟練をさほど必要としない低賃金の雇用が増加し、その中間の雇用が減少する労働市場の二極化の進展が提起されている（Autor et al. 2003、p.1322）。台湾の外食産業の雇用データでも二極化の傾向が見られ、特に最低賃金との関連でいえば、熟練をさほど必要としない低賃金の職務である販売・サービス職の雇用が大きく増加している。つまり、

外食産業は最低賃金労働者の割合が比較的大きい産業なのである。

　また、時給で雇われる労働者が多い産業であることもその選定理由の一つである。台湾では月給で雇用される労働者が圧倒的に多く、時給（日給を含む）で雇われる者の割合は9.67％と少数派である。その中で外食産業は例外的に時給で雇われる者が多い。広く知られているように外食産業では1日の営業時間における繁閑の差が大きく、短時間労働者を活用する必要がある。今後台湾でも少子化による労働力の減少が予測されるが、現在何らかの事情で長時間働くことのできない労働者が労働市場に出てくるにあたり受け皿となる産業である。最低賃金が引き上げられれば、労働市場に参加する人口も増えよう。

　また、台湾では月給と時給の最低賃金は別途定められており（日給の場合は時給の最低賃金が適用される）、改定率も異なる。例えば2015年7月1日改定時の最低賃金と比較すると月給の最低賃金が15.5％上昇したのに対し、時給のそれは約30％上昇した。よって、台湾における最低賃金の雇用と賃金に与える影響を分析するには、月給と時給の両方を見る必要があるが、そのためにも外食産業は格好の対象であると言える。まとめれば、月給に比較して高い時給の最低賃金引き上げが外食産業の雇用にどのような影響を与えるか、これが本研究の主要な課題である。

2．台湾の最低賃金制度と労働市場

（1）台湾の最低賃金制度の概略

　先行研究によれば最低賃金制度の決定方式には（1）審議会方式と（2）法定方式と（3）労働協約方式と（4）労働裁判方式の4つがある（大橋2009、pp.5-6）。台湾は日本と同様、（1）の審議会方式をとる。台湾の最低賃金である「基本工資」の決め方については、2002年1月に定められた「基本工資審議辦法」に規定がある。審議会の委員は関連官庁の代表3人と専門学者4人、労働者代表7人、使用者代表7人の合計21人で構成される。毎年の第三四半期に見直しが審議され、その結果が労働部（Ministry of Labor）に承認されることによって、最低賃金の改定が施行される。最低賃金の見

直しに際して、経済発展の状況、卸売物価指数、消費者物価指数、国民所得と一人当たり平均所得、労働生産性ならびに就業状況、各産業の平均賃金、家庭収入の統計調査の7つの指標を参考とする[1]。

①台湾の「基本工資」が確立するまで

　本稿を通して台湾の「基本工資」を最低賃金と読み替えているが、本来「基本工資」と「最低賃金」は、法的根拠を同一にしていない。現在台湾を統治している政府は中華民国であり、元来は南京を拠点にした中国大陸の政府であった。よって基本的な法制度は中国大陸時代から引き継がれている。「最低賃金法」はその一つであり、1936年に発布された。これは中華民国がILO（国際労働機関）26条（最低賃金決定制度条約）を1930年の5月に批准した（ILO発足の一年前）ことに依る。しかしながら、第二次大戦と国共内戦の混乱の中で、施行されることはなかった。1946年以降中華民国政府は台湾に遷る。その後戒厳令下に置かれたため、引き続き「最低賃金法」は施行されないまま、1986年に廃止されている。

　ところが、中華民国には1929年に施行された「工廠法（工場法）」があって、その第20条が「（工場）労働者の最低賃金率は、事業場の所在地の生活水準を基準に規定する」としており、実質的な最低賃金である「基本工資」[2]を定めなければならない法的な理由があった。これに基づき、1955年11月に蒋介石総統が「基本工資」を毎月300NT$に規定するよう指示を出した。これが台湾（中華民国）の最初の最低賃金である。20条の条文には「事業場の所在地の生活水準を基準に」との記載があるのだが、台湾域内の「基本工資」は全域で統一されたものであった。しかし中華民国主計局による2017年度版の「家庭収支調査報告」[3]で台北市と台南市を比較すれば、両者の平均賃金収入（本業のみ）には1.6倍の開きがある。

　1984年には、「労働基準法」によって「基本工資」が改めて規定された。その21条は「賃金は労資双方の交渉で決められるが、『基本工資』を下回ってはならない。『基本工資』は労働部によって決定され、行政院（内閣）の承認を得られなければならない」としており、「工廠法（工場法）」の第20条にあった「事業場の所在地の生活水準を基準に」という文言は削除された。2018年1月に「工廠法」が廃止されるまで、「労働基準法」と「工廠

法」は並立していたが、現在「基本工資」の法的根拠は「労働基準法」第21条に一本化されている。

②台湾における最低賃金の推移

表1に暦年の最低賃金の推移を示した[4]。表を鳥瞰すると大まかに四つの期間に区分できる。第一期は1955年から1986年までで最低賃金の引き上げに規則性がない。第二期は1987年から1997年までであり、戒厳令が解除されて以降10年間にわたり、最低賃金は毎年規則的に引き上げられていた。第三期は最低賃金が据え置かれた1998年から2006年までである。

第四期が本研究の主な対象となるが、スキャンダルによって支持率が低迷した民進党の陳水扁政権が、総統二期目の最後の年である2007年6月に10年ぶりになる最低賃金の引き上げを行ってから現在までの時期である。その後2008年の総統選挙では、国民党から選出された馬英九が総統となっ

表1　台湾の最低賃金改定の歴史（NT$）

改正年	月給の最低賃金	日給の最低賃金	時給の最低賃金	月給/時給
1955	300			
1964	450			
1968	600	20		
1978	2400	80		
1980	3300	110		
1983	5700	190		
1984	6150	205		
1986	6900	230		
1988	8130	271		
1989	8820	294		
1990	9750	325		
1991	11040	368		
1992	12365	412	51.5	240.1
1993	13350	445	55.5	240.5
1994	14010	467	58.5	239.5
1995	14880	496	62.0	240.0
1996	15360	512	64.0	240.0
1997	15840	528	66.0	240.0
2007	17280		95.0	181.9
2010	17880		98.0	182.4
2011	18780		103.0	182.3
2012	19047		109.0	174.7
2013	19273		115.0	167.6
2014	20008		120.0	166.7
2016	21009		126.0	166.7
2017	22000		140.0	157.1
2018	23100		150.0	154.0

出所：中華民國勞動部「基本工資之制訂與調整経過」から筆者作成。

て、民進党は政権を失うが、馬政権は発足わずか半年でリーマンショック
を迎えることになった。リーマンショックに端を発する金融恐慌は台湾に
おいて戦後未曾有の失業率の上昇を招き、支持率が低下した。それを受け
て2010年に馬英九は3年ぶりとなる最低賃金の引上げを行い、その後馬政
権下では、2015年を除いて、最低賃金は毎年引き上げられ続けた。2016年
に再び政権が交代し、民進党の蔡英文が総統となるが、最低賃金はそれま
で以上のレートで毎年引き上げられ続け、2019年に至っている。

③月給と時給の最低賃金改定の推移

表1に、月給と時給の最低賃金の関係についても示した。まず、1997年
に廃止された日給で雇われる者の最低賃金は単純に月給の最低賃金を30で
除した数値である。時給についても1997年までは単純に月給を240で割っ
た数値である（1カ月30日、1日8時間として考える）。しかし、2007年の
改定から、日給の最低賃金が消滅し、月給と時給の最低賃金の比率が変わ
り始めた。2007年の改定では、181.9時間の時給が月給の最低賃金と等し
くなった。その後2012年改定では174.7時間、2017年は157.1時間、2018
年は154.0時間と、改定を重ねるごとに時給の最低賃金の月給に対する比
率が上がっている。2018年では、仮に完全週休二日制の1日8時間で4週間
（20日）しか働かなかった場合でも、その1カ月の賃金の総額が月給の最低
賃金を上回るようになっている。

④最低賃金改定が失業率と平均賃金に与えた影響

経済学では一般的に最低賃金の引き上げは失業率の上昇をもたらすとさ
れてきたが、2000年以降、失業率には変化を与えないとする研究も発表さ
れており、「最低賃金が雇用に与える影響についてコンセンサスが得られて
いないのが現状である」（川口・森2009、p.42から引用）。では台湾の最低
賃金の引き上げは失業率を引き上げたのだろうか。

図1[6]では、最低賃金と台湾の失業率の推移を示した。最低賃金の引き
上げと失業率には直接の関係は見られず、むしろ、特に第四期に著しいが、
最低賃金が引き上げられる時期には失業率が下がっている。しかしながら、
「最低賃金が引き上げられた場合の雇用主の対応は、すぐ労働者を解雇する
というよりも、時間をかけて機械化を進めたりより質の高い労働者に代替

するのが普通なので、最低賃金の引き上げからある程度時間を経た効果を調べる必要がある」（大竹2013、p.176から引用）という主張を受け容れれば、タイムラグが生じているだけであり、今後使用者が機械化を進めれば、失業率が上昇することも考えられる。

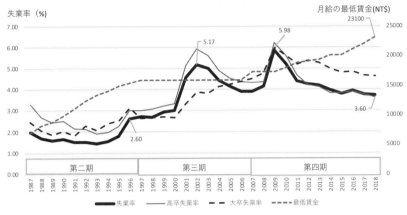

図1　失業率と最低賃金の推移

出所：中華民國行政院主計總處「人力資源調査統計」から筆者作成。

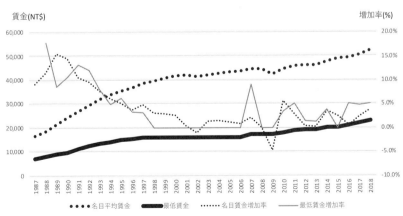

図2　名目平均賃金と最低賃金の推移

出所：中華民國行政院主計總處「薪資與生產力統計」から筆者作成。

では、平均賃金はどうであろうか。図2[7]に名目平均賃金と最低賃金の推移を示した。第四期では最低賃金の引き上げとほぼ同じ傾向で平均賃金が上昇しているのがわかる。最低賃金の引き上げは失業率を下げて平均賃金を引き上げる妙薬であるのか。「最低賃金を上げても、賃金が上昇して雇用量が減らないという理想的な可能性」について、「最低賃金周辺の労働者にとって、企業が追加的に雇用する労働者の生産性よりも低い賃金しか当該労働者に支払われていなかった場合」（大竹2013、p.173から引用）が考えられる。したがって、元来生産性に見合った賃金が支払われていなかったために、現段階では、最低賃金引き上げに対し、企業が利潤を縮小し、追加的な賃金負担を行う余地があると判断することもできる。

（2）台湾における最低賃金労働者
①台湾の雇用制度
　台湾では、「ジョブ・ホッピング」が盛んであり[8]、労働者が自発的に離職・転職するケースが少なくないと言われる。台湾では雇用契約が基本的に職務単位で行われ、その賃金制度は範囲を持つ職務給であるために、一定期間同じ職務を継続すれば、賃金が伸びなくなる。よって、労働者はより高い地位と賃金を得るためには、上位の職務に「転職」しなければならないのである。こうした労働者の動きは「ジョブ・ホッピング」と呼ばれる。台湾でも一部内部昇進制度を持つグループ企業があるが、そこでの労働供給は比較的安定しているという[9]。つまり、「ジョブ・ホッピング」は台湾人の民族性に基づく典型行動ではなく、「職務別雇用」という制度によって必然的に生じる運動であると考えられる。
　職務別雇用であるから、同じ職務を行う者の中に正規・非正規あるいは総合職・一般職などの日本で見られるような待遇差別が行われることは少ない。他方で職務内容や職階が賃金を規定するのであるから、たとえ同期入社であっても職務内容や採用時の職階の違いによって賃金格差が生じる。また、男女の労働力率では、高齢になるにつれ、女性の労働力率が男性と比較して相対的に低下するが、若年から中年期では男女に大きな格差はない（3節の（3）、図3を参照）。ただし、性差による職務選好に違いがある

ために、同職務内の男女の格差は小さいものの、全体的な男女の賃金格差は決して小さくない[10]。女性が比較的多数を占める職種での平均賃金が相対的に低いためである。また台湾では、既婚の中年以上の女性の短時間雇用、いわゆる「主婦パート」というものがほとんど存在しない点が特徴的である。

②台湾の労働市場の諸相：高学歴化と少子化と二極化

台湾は学歴社会であって、職務と職階が賃金を規定する職務別雇用制度を基本とするものの、労働市場への入り口となる新卒時の職務・職階が学歴（専攻分野・教育年数）に強く規定されてきた。すなわち、学歴と職務・職階がひも付き、結果として間接的ではあるが、学歴が平均賃金額に強く影響を与える。現在、大学・短大（5年制高専を含む）の進学率は8割に達しており、大学院進学率も年々上昇している。他方で、1990年代後半から少子化[11]が深刻化し、労働市場に供給される若年労働者の絶対数が減少している。

また、IT化に伴い労働市場の二極化が進んでいる。事務的なルーティン業務の労働需要が低下している一方で、高度な熟練を必要とするエンジニアや専門職クラスの労働需要と、販売・サービス職や工場のオペレーターなどの低熟練職務の労働需要が増加しているのである。日本でもその現象が実証されており[12]、台湾でも労働市場における二極化の傾向が指摘されている（國府2018、p.96参照）。台湾の労働市場二極化による雇用の増加は、高度な熟練を必要とする職務（職階）よりも、低熟練職務（職階）において顕著である。低熟練職務から中間の職務を経て、高熟練職務にホップしていく「ジョブ・ホッピング」モデルは、中間の職務が減少し、低位と高位の職務の関連性の希薄化が進めば、成立が難しくなる。

③台湾における最低賃金労働者の属性

最低賃金の引き上げが最も強く直接的に影響するのは、最低賃金に近い賃金水準で雇用される最低賃金労働者である。日本の研究を見ると、川口・森（2009）は、1982年から2002年にかけての『就業構造基本調査』を用いた実証分析により、「女性、中卒・高卒、地方勤務、小売・卸売・飲食・宿泊業、パート・アルバイトといった属性」（川口・森2009、p.41か

ら引用）を持つ者が最低賃金労働者になりやすいと結論づけた。

　他方で台湾では、職務別雇用が基本であり、職務・職階が強い賃金の規定力を持つ。よって一般的に低位とされる職務・職階で働く労働者が最低賃金労働者となりやすい。たとえば、工場のオペレーター、不熟練労働者などがそれに当たる。

　中卒・高卒が最低賃金労働者になりやすいという点は日本と同様である。三節で詳しく見るが、学歴別職種別平均初任給の統計によれば、同じ職務・職階であっても、教育年数が伸びるごとに初任給が上昇する学歴プレミアムが存在している。また、学歴（教育年数）が入職する職務や職階に間接的に影響を与えることも学歴による賃金格差を生み出している。ただし、大学進学率が高まった現在、かつて中学校卒業（以下、中卒と略す）や高等学校卒業の労働者（以下、高卒と略す）が支配的であった熟練をさほど必要としない低賃金職務にも、4年生大学卒業の労働者（以下、大卒と略す）が入って行かざるを得なくなった。

　また、女性であることも間接的には最低賃金労働者になる属性の1つとなる。職務・職階によって労働条件が決まるわけだから、原則的に同職務の中では男女の格差がある理由はない。しかし、伝統的な性別職務選好が存在するため、男性がエンジニアなどの高賃金職務に就き、女性が比較的低賃金の事務職や販売・サービス職などの職務を選好するなどの結果として、どちらかといえば、女性の方が最低賃金労働者になりやすい。しかし、大学進学の男女比を見る限り、学部学科選好の男女差は年々不明確になっており、男女の賃金格差も縮小傾向にある[13]。

　また産業間の生産性格差によって、例えば金融業や製造業などは賃金が高く、流通サービス系の産業では賃金が低くなる傾向がある。特に宿泊業・飲食サービス業では平均的に低賃金である。しかしながら、当該産業においても管理職や技術職などの上位の職務・職階の賃金は高水準である（國府2018、p.90を参照）。

　よって、台湾における最低賃金労働者は、「生産性の低い流通サービス系などの産業で働く、熟練をさほど必要としない事務職、販売・サービス職や工場オペレーターなどの職務に就く、例えば高卒などの学歴が相対的に

低い労働者であり、女性である確率が若干高い」と考えられる。

3. 外食産業における最低賃金引き上げの雇用への影響の考察

(1) 外食産業と最低賃金労働者

　第2節で述べたように台湾の最低賃金労働者は、平均賃金の低い産業で、熟練をそれほど必要としない低位の職務・職階で雇用される労働者であり、かつ高卒の割合が多い。本研究ではこれらの条件に最もよく適合するのが、外食産業で働く販売・サービス職の労働者であると考える。その根拠について本小節で述べる。

①職種構成の変化

　表2[14] は、台湾の労働省にあたる「労働部」が公表する、事業所を対象とした雇用・賃金統計である「職類別薪資調査」をソースとして2015年から2018年までの職種構成の推移を示したものである。一般的に上の行に位置する職種が職階としては上であり賃金が高く、下の職階に行けば賃金は低くなる。まず工業・サービス業全体の趨勢を確認する。最も増加量の大きい職種は販売・サービス職であり、次に専門職が大きく増加しているのがわかる。前節で述べた労働市場の二極化は、高度な熟練を必要とする専門職の増加とさほど熟練を必要としない販売・サービス職の雇用増加という形であらわれる。増加量としては専門職よりも販売・サービス職が大きいことにも留意したい。

表2　雇用者の職種構成変化（人）

	工業・サービス業合計				2015-2018の増加率		宿泊業・飲食サービス業				2015-2018の増加率
	2015年	2016年	2017年	2018年			2015年	2016年	2017年	2018年	
管理職	878,289	884,914	897,928	916,124	4.3%	管理職	66,036	65,430	69,213	68,070	3.1%
専門職	777,477	796,350	820,591	881,157	13.3%	専門職	3,515	5,055	4,416	4,055	15.4%
技術職	1,187,971	1,207,170	1,210,493	1,253,257	5.5%	技術職	18,232	19,093	19,159	20,698	13.5%
事務職	1,181,289	1,165,325	1,195,031	1,227,023	3.9%	事務職	20,732	22,176	22,344	27,782	34.0%
販売・サービス職	769,958	821,421	837,241	905,075	17.5%	販売・サービス職	229,639	236,992	248,994	298,648	30.1%
工員	2,188,576	2,148,620	2,180,765	2,238,776	2.3%	工員	6,578	7,485	7,423	11,995	82.4%
不熟練労働	428,342	440,343	444,806	477,537	11.5%	不熟練労働	46,456	49,100	49,180	62,174	33.8%

出所：中華民國勞動部「職類別薪資調査」2016年-2018年の統計データから筆者作成。

本研究が注目する外食産業について、宿泊業・飲食サービス業の職種構成の変化を確認する。全体の趨勢と同様に専門職と販売・サービス職の増加が確認できる。宿泊業・飲食サービス業の特徴としては販売・サービス職の雇用が非常に大きな割合を占めており、その増加率も大きい。また事務職や工員、不熟練労働の増加率も大きい[15]。外食産業は下位にある職種の労働需要の成長が旺盛である。言い換えれば最低賃金労働者になる傾向のある職種の雇用増加が著しいということである。

②職種別平均賃金の変化

　表3は表2と同様の統計から職種別の平均賃金を抽出したものである。まず工業・サービス業全体の趨勢を確認する。労働市場の二極化の影響と考えられるが、専門職の賃金上昇率が最も高い。販売・サービス職も同様に高い賃金上昇率を示している。販売・サービス職の賃金上昇には最低賃金引き上げの影響があると考えられるが、この数値だけからではどの程度が労働需要の増加による影響で、どの程度が最低賃金の上昇によるものか、判別することは難しいと言わざるを得ない。

　外食産業を含む宿泊業・飲食サービス業においても同様の傾向が観察され、専門職と販売・サービス職の平均賃金上昇率が高い。他方で、技術職の賃金が若干の低下を示している。一般的にエンジニアや専門職の見習いを含む技術職が4年制大学の新卒の入職口となっているのだが、学歴の上昇によって外食産業の技術職は供給過剰になっている可能性がある。

　以上本小節で確認したように、外食産業では工業・サービス産業全体と

表3　職種別平均賃金の変化（NT$）

	工業・サービス業合計				2015-2018の増加率		宿泊業・飲食サービス業				2015-2018の増加率
	2015年	2016年	2017年	2018年			2015年	2016年	2017年	2018年	
管理職	91,461	87,230	90,975	98,227	7.4%	管理職	50,723	51,384	51,549	55,026	8.5%
専門職	64,587	66,749	68,425	74,418	15.2%	専門職	45,634	56,058	49,641	51,193	12.2%
技術職	49,934	50,297	52,496	56,396	12.9%	技術職	46,409	42,441	44,859	45,395	-2.2%
事務職	37,087	39,041	37,456	38,119	2.8%	事務職	29,795	28,667	29,251	30,998	4.0%
販売・サービス職	28,164	29,030	29,309	32,201	14.3%	販売・サービス職	24,635	24,423	24,865	27,086	9.9%
工員	36,995	36,164	38,243	41,230	11.4%	工員	33,663	34,933	32,445	35,824	6.4%
不熟練労働	27,474	27,488	28,356	29,294	6.6%	不熟練労働	21,555	21,800	23,625	23,791	10.4%

出所：中華民國勞動部「職類別薪資調査」2016年-2018年の統計データから筆者作成。

比較して、低位の職種の需要が顕著であり、平均賃金自体も全体と比較して低い傾向にあることがわかる。

（2）初任給推移に見る最低賃金の影響

　月給の最低賃金が最も強い影響を与えるのは、初任給である。表4は表2、3と同様の統計から職種別、学歴別の初任給の推移を示したものである。表4から明らかであるように、学歴が入職時の職種（職階）に大きな影響を与えている。例えば、技術職以上で雇い入れられる高卒はほとんど存在せず、逆に不熟練労働で雇い入れられる大卒はほとんど存在しない。また、同じ職種でも、学歴の差によって初任給が異なる学歴プレミアムも存在する。

　表4では2013年から2018年までの初任給増加率も示したが、増加率に関しては、同じ学歴内で職務による差異は小さい。しかし、高卒と大卒を比較すると、一般的に高卒の初任給増加率が高いことがわかる。最低賃金の引き上げが高卒の初任給を底上げしている一つの証左である。実際、2018年の月給の最低賃金は23,000NT$であるから、高卒初任給はほぼ最低賃金に張り付いている。2018年の高卒と大卒の同職種における格差である学歴プレミアムは事務職、販売・サービス職、工員のいずれをとっても

表4　職種別学歴別平均初任給の変化（NT$）

	高等学校卒							4年制大学卒						
	2013年	2014年	2015年	2016年	2017年	2018年	2013-2018年の増加率	2013年	2014年	2015年	2016年	2017年	2018年	2013-2018年の増加率
工業・サービス業平均	21946	22341	22980	23380	23806	24477	11.5%	26915	27193	27655	28116	28446	28849	7.2%
専門職	..	..	..	..	..	..		30153	30449	30920	31558	32108	32317	7.2%
技術職	..	..	..	..	38315	..		27232	27383	27886	28176	28647	29216	7.3%
事務職	21758	22188	22814	23188	23677	24352	11.9%	25234	25664	26087	26448	26781	27223	7.9%
販売・サービス職	21974	22430	22835	23551	24015	24730	12.5%	25542	25745	25831	26476	26644	27551	7.9%
工員	22565	22977	23666	23986	24316	24972	10.7%	25467	25704	26300	26580	26842	27549	8.2%
不熟練労働	21339	21533	22260	22565	23035	23795	11.5%	-	-	-	-	-	-	
宿泊業・飲食サービス業平均	21182	21506	22559	23500	23849	25087	18.4%	24148	24646	25167	26350	26398	27213	12.7%
専門職	..	..	..	..	..	..		27584	28768	28582	29786	29565	29669	7.6%
技術職	..	..	..	..	..	..		25921	25633	26945	28128	28009	28140	8.6%
事務職	21708	22277	23266	23696	24089	25074	15.5%	23904	24697	24786	25901	25616	26538	11.0%
販売・サービス職	21055	21108	22329	23583	23873	25079	19.1%	22233	22564	23548	24566	25486	26111	17.4%
工員	23026	23291	23868	24556	24656	26558	15.3%	25097	24823	26276	26350	26585	27913	11.2%
不熟練労働	20361	20941	22091	22632	23146	24354	19.6%	-	-	-	-	-	-	

出所：中華民國勞動部「職類別薪資調査」2013年-2018年の統計データから筆者作成。

3,000NT$程度であるが、この格差は全般的に縮小傾向にあって、具体的には2013年には高卒と大卒初任給の平均格差が22.6％であったものが、2018年には17.9％にまで縮小している。

　外食産業を含む宿泊業・飲食サービス業の初任給では、高卒では産業全体平均と比較してわずかに割高になっている。他方で大卒は、工具を例外として平均よりも概ね低い水準である。2013年の高卒と大卒の格差は14.0％であったが、2018年には8.5％にまで縮小した。最も構成人数の多い販売・サービス職に至っては、2018年の高卒と大卒の格差はわずか5.8％の1,032NT$に過ぎず、大卒の学歴プレミアムは極めて小さくなっている。大卒の学歴プレミアムの縮小は、大卒労働者の職務不満足を引き起こし、離職率を上昇させる一因となることが考えられる。表5[16]に学歴別の産業別離職率を示した。一般的に大卒の離職率は高卒に比べて高い。宿泊業・飲食サービス業の離職率はさらに高く、1年で約7割が離職する。

　したがって、大卒の学歴プレミアムはすでに限界に近いほどに縮小しているのではないかと考えられる。

　それでは、ここで初任給に対する最低賃金制度の影響についてまとめる。まず最低賃金が上がると高卒の全体の初任給が引き上げられ、高卒の宿泊業・飲食サービス業の初任給も上がる。その高卒の初任給に学歴プレミアムを乗せたものとして、大卒の宿泊業・飲食業サービスの初任給が決まる構造になっている。学歴プレミアムの縮小を原因の一つとして、宿泊業・飲食サービス業の月給で働く労働者の定着率が低くなっている。よって外食産業では、最低賃金が高卒の初任給を引き上げるのであれば、学歴プレミアムが一層小さくなり、フルタイムで働く大卒労働者の定着が困難にな

表5　学歴別離職率（都市部・1年のべ離職率）

	計	高卒	大卒
工業・サービス業全体	26.65%	22.63%	34.27%
製造業	22.39%	20.15%	28.20%
卸売小売業	27.16%	16.08%	41.07%
宿泊業・飲食サービス業	52.39%	45.65%	68.68%
金融保険業	16.20%	18.13%	17.11%

出所：中華民國行政院主計處「事業人力僱用狀況調査」2017年。

る。学歴に見合った賃金を求めてジョブ・ホッピングを試みるが、2017年
に外食産業で販売・サービス職から上位の職種に転職できた者はわずか
6.9％に過ぎない[17]。

（3）労働時間の短縮とパートタイム労働者の増加
①パートタイム労働者の賃金の上昇

　本小節では時給の最低賃金の影響を見る。時給の最低賃金はこの3年で
約30％も引き上げられたが、時給や日給で支払われる労働者は、台湾では
10％に満たない。2018年発表の人力運用調査（注10を参照）によれば、時
給と日給で支払われる者は雇用者全体の9.8％である。そのうちパートタ
イム労働者は全体の4.1％に過ぎない。

　しかしながら、15〜29歳までの若年労働者に絞るとパートタイムで働く
労働者の割合は10％を超える。また、パート等労働者の割合は年々増加傾
向にある。表6に示したように、特に外食産業では顕著にパート等労働者

表6　パート等労働者[18]の数（千人）と比率（％）の推移

	産業全体			外食産業		
	就業者全数	パート等労働者	パート等比率	就業者全数	パート等労働者	パート等比率
2014	11052	766	6.93	788	98	12.44
2015	11179	781	6.99	810	102	12.59
2016	11247	792	7.04	824	111	13.47
2017	11331	805	7.10	831	115	13.84
2018	11411	814	7.13	838	120	14.32

出所：中華民國行政院主計總處「人力運用調査」2015-2019の数値から筆者作成。

表7　項目別平均時給の推移（NT$）

	2014年	2017年	2018年	2019年
全産業・年齢・職種	142	160	160	169
15-24歳平均	124	143	149	156
宿泊業・飲食サービス業平均	121	137	146	153
卸売小売業平均	122	141	145	156

出所：中華民國勞動部「部分工時勞工就業實況調査」
2019、2018、2017、2014より筆者作成。

が増加傾向にあって、正規雇用労働者からパート等労働者への置き換えが進行している。

表7[19]は、2014年から2019年までの平均時給の推移を示した。2014年からの推移を見ると、最低賃金引き上げの影響が如実に表れていることがわかる。特に宿泊業・飲食サービス業、さらに外食関連職の平均時給はほとんど最低賃金に張り付いている。最低賃金引き上げは、直接これらの産業や職種の人件費上昇につながる。

②労働時間の短縮

2014年と2019年のパートタイム労働者の労働時間分布の比較を表8に示した。この5年間で全産業（職種）のパートタイム労働者の労働時間が大きく減少しているのがわかる。外食関係のパートタイムでは従来40時間以上働く者も少なくなかったが、週平均労働時間は4時間弱減少している。パートタイムを活用する現場では、よりピンポイントで労働時間の短い職務設計が導入されるようになったことが推察される。特に外食では繁閑の差が大きいので、より弾力的なシフトを組めるようになれば、月給で雇用する固定費用としての人件費を節約することが可能である。

表9[20]には若年労働者（15～29歳）の労働時間を示した。ここでも同様に労働時間の短縮傾向が認められる。2014年と2018年の若年労働者全体の労働時間を比較すると44時間以上働く労働者が大きく減少し、30時間未満の労働時間で働く者が増加している。宿泊業・飲食サービス業平均、また

表8　パートタイム労働者の労働時間の変化（週平均労働時間）

2014年	20時間未満	20時間以上30時間未満	30時間以上35時間未満	35時間以上40時間未満	40時間以上	週平均労働時間
全産業・職種	37.3	33.5	13.4	8.2	7.6	22.2
宿泊業・飲食サービス業	24.8	40.5	18.1	8.5	8.2	24.9
外食関連職種	25.0	41.3	15.5	9.1	9.1	25.0
2019年	20時間未満	20時間以上30時間未満	30時間以上35時間未満	35時間以上40時間未満	40時間以上	週平均労働時間
全産業・職種	52.6	34.1	10.3	3.0		17.9
宿泊業・飲食サービス業	36.3	46.0	13.7	4.0		21.1
外食関連職種	35.5	46.5	14.2	3.8		21.2

出所：中華民國勞動部「部分工時勞工就業實況調查」2019、2018、2017、2014より筆者作成。

表9　若年労働者の労働時間の推移（週平均労働時間）

2014年	30時間未満	30-35時間未満	35-40時間未満	40-44時間未満	44時間以上	平均週労働時間
若年労働者全体	2.55	2.08	1.27	62.85	31.27	42.17
宿泊業・飲食サービス業	9.83	3.70	3.85	42.25	40.37	41.43
販売サービス職	7.89	5.37	4.19	38.83	43.71	42.06
2016年	30時間未満	30-35時間未満	35-40時間未満	40-44時間未満	44時間以上	平均週労働時間
若年労働者全体	6.46	2.76	3.77	72.11	14.89	39.49
宿泊業・飲食サービス業	15.40	6.65	8.87	51.97	17.10	36.92
販売サービス職	14.53	7.61	5.56	48.54	23.77	38.43
2018年	30時間未満	30-35時間未満	35-40時間未満	40-44時間未満	44時間以上	平均週労働時間
若年労働者全体	8.93	1.89	7.47	68.79	12.92	38.58
宿泊業・飲食サービス業	23.14	4.55	10.31	49.15	12.85	35.71
販売サービス職	19.89	5.49	13.35	46.52	14.75	36.38

出所：中華民國勞動部「15－29歳青少年勞工就業狀況調査」2014、2016、
2018年度から筆者作成。

は販売・サービス職平均で見るとその傾向はさらに明らかになる。宿泊
業・飲食サービス業で働く若者の約38％は週40時間未満で働いており、明
らかにパートタイム雇用であると考えられる週35時間未満の労働者は約
28％である。

　時給や日給で雇用される労働者が台湾の労働者全体に占める割合は決し
て大きくはない。しかしながら、宿泊業・サービス業、外食を含めた販
売・サービス職種あるいは若年労働者において、時給の最低賃金が適用さ
れる労働時間の短い雇用形態で働く者が増加している。人手不足に直面し、
月給の労働者を節約して、時給のパート・アルバイトを戦力とする職務設
計を導入するのは、バブル期の日本の外食産業でも見られた。台湾でも人
手不足に直面し、同様の手法を導入しようとしているが最低賃金低引き上
げによる時給の引き上げに直面した。時間当たり賃金の低い月給の労働者
を最大限活用しながら、ピーク時に絞って時給の労働者を活用していく、
機動的な人員配置が必要とされている。

③今後の外食産業の雇用と最低賃金

　最低賃金が引き上げられれば、余暇に対する労働の価値が上がり、労働
市場に参入する人口も増加すると考えられる。また、学生や子育て・介護
を担う主婦、高齢者の労働力率は働きやすい労働時間と環境を提供するこ

とでも引き上げられる。表10に台湾の労働力率の推移を示した。表に示した8年間を通してどの年齢層でも労働力率の上昇が見られる。特に15〜24歳の若年層において上昇が著しい。しかしながら、日本の労働力調査（2019年）[21] から算出される2018年の15〜24歳の労働力率は47.8％であるから、台湾でもまだまだ若年アルバイトを増加させる余地があるのではないだろうか。また、日本の外食産業の主力の一翼を担ういわゆる「主婦パート」が台湾にはほとんど存在していない。

表10　台湾の労働力率の推移（%）

	全年齢・性別	男性	女性	15-24歳	25-44歳	45-64歳	65歳以上
2011年	58.17	66.67	49.97	28.56	85.56	60.36	7.93
2012年	58.35	66.83	50.19	29.08	86.33	60.48	8.10
2013年	58.43	66.74	50.46	29.58	86.64	60.73	8.34
2014年	58.54	66.78	50.64	29.36	86.85	61.65	8.68
2015年	58.65	66.91	50.74	30.24	87.40	61.89	8.78
2016年	58.75	67.05	50.80	31.37	87.82	62.42	8.61
2017年	58.83	67.13	50.92	32.68	88.26	62.82	8.58
2018年	58.99	67.24	51.14	34.34	88.85	63.21	8.43

出所：中華民國行政院主計處「人力資源統計」から筆者作成。

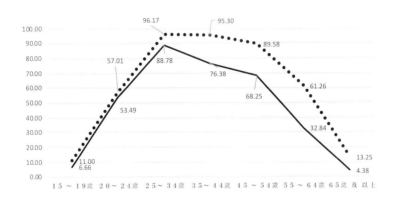

図3　台湾の年齢別男女別労働力率
出所：中華民國主計處「人力運用調査」2018年より、筆者作成。

　図3に台湾の労働力率を男女別に年齢別に表した。台湾の女性も35歳以降労働力率が下がっていく。日本の場合は45〜54歳で再び女性の労働力率が上がるのであるが、台湾ではそのまま下がり続ける。時給が上がり、労働環境が変われば「主婦」が労働力として市場に出てくるのではないだろうか。また65歳以上の労働力率も8％程度であって日本の24.7％と比較すれば大きな開きがあるため、今後も上昇することが考えられる。

　最低賃金が引き上げられ、他方で短い時間でも働くことができる職務設計が普及していけば、台湾の労働力率は今以上に引き上げられ、短時間で働く時給の最低賃金労働者はさらに増加することが予測される。

4．おわりに

　本研究は台湾における最低賃金の引き上げが雇用にどのような影響を与えているのか、外食産業を中心に統計を確認しながら議論してきた。第2節では台湾の最低賃金制度の概略と推移について確認した。台湾の最低賃金は2009年以降定期的に引き上げられ、2016年以降は特にその幅を大きくしている。また、時給と月給に対する最低賃金が定められているが、月給に対して時給の最低賃金の引き上げ幅が大きくなっていることを確認した。その上で台湾の最低賃金労働者の属性を明らかにした。台湾の労働市場は一般的に職務・職階別の雇用が行われている。新卒入職の職務・職階と学歴は紐づいており、学歴が低い、例えば高卒などは最低賃金になりやすい傾向があるが、近年は進学率の急速な上昇によって大卒でも低位の職階に入職するケースが増えている。

　第3節では、台湾の最低賃金制度と最低賃金労働者の属性を踏まえ、外食産業がその分析に最適であると考え、当該産業の雇用分析を行った。その結果、まず、月給の最低賃金の引き上げが、高卒の平均賃金と初任給を引き上げ、学歴プレミアムがその上に加算される形で大卒の初任給も上昇傾向にあることを確認した。しかしながら、外食産業では低位の職務の雇用が多く、学歴プレミアムが特に小さく、離職率が高くなっていることを指摘した。次に時給に対する影響を分析した。台湾では月給で雇用される

労働者が大多数を占めるものの、外食産業や販売・サービス職、若年労働者に焦点を絞ってみれば、短時間労働者が増加していることを見出すことができた。また、台湾の労働市場には、現状では非労働力人口[22]となっている労働予備軍が豊富であり、時給の上昇と弾力的で短時間労働を可能とする職務設計の普及によって、労働力化される人口は今後も増え続けることを示唆した。

　月給と比して時給の最低賃金が高く引き上げられれば、人件費の観点から企業はパートタイム雇用を減少させると考えがちであるが、外食産業などでは、パートタイムの雇用を増加させている。外食産業では繁閑の差が大きく、職務設計を弾力的にすれば月給の労働者の雇用を節約することができる。また、台湾では少子化によって、若者の数が大きく減少し始めており、外食産業では特に離職率も高いために、時給の最低賃金が引き上げられたとしても時給で雇用する労働者を増加させる方が合理的であることが考えられる。よって本研究によって得られた知見を端的に言えば、2007年以降、月給と比べて時給の最低賃金が高く引き上げられているのにも関わらず、外食産業では時給で働くパートタイム労働者の雇用を増加させている、ということになる。

　時給の最低賃金引き上げによるパートタイム労働者の人件費上昇圧力と弾力的な職務設計による固定費としての月給労働者の人件費節約効果のバランスによって、外食企業は月給と時給の労働者をほどよく組み合わせていく。台湾政府が時給の最低賃金を引き上げていくとするのならば、今後の外食産業のフルタイムとパートタイムの比率がどのように動いていくのか、今後も注意深く観察を続けていく。

　　　　　　＊本研究はJSPS科研費17K02038の助成を受けたものである。

注
　1）　基本工資の制定法については、辛（2015）pp.6-7を参照。
　2）　將（2007）p.51では、経済学上の「最低賃金」は「基本工資」と同義であると述べる。
　3）　中華民國行政院「家庭収支調査報告」2017年度（https://win.dgbas.gov.tw/fies/

a11.asp?year = 106　2019年8月24日閲覧)。

4)　表1は、中華民國勞動部「基本工資之制訂與調整經過」(https://www.mol.gov.
tw/topic/3067/5990/13171/19154/　2019年8月24日閲覧) から作成。

5)　日本では、最低賃金の時給で1日8時間で月に20日働く非正社員の給料が月
給で雇われる正社員の給料よりも高くなることは珍しい。しかし、台湾ではア
ルバイトを掛け持ちして正社員と同程度働く時給で働く非正社員の最低月収は、
月給の最低賃金を支払われる正社員の賃金よりも高くなる。

6)　図1は中華民國行政院主計總處「人力資源統計」(https://www.stat.gov.tw/ct.asp?
xItem = 41553&ctNode = 518&mp = 4　2019年3月20日閲覧) から作成。

7)　図2は中華民國行政院主計總處「薪資與生產力統計」(https://earnings.dgbas.gov.
tw/view_payroll.aspx　2019年3月20日閲覧) に基本工資の数値を加えて作成し
た。

8)　例えば川端（2009）、p.122を参照。

9)　口野・大島（2018）、p.8、台湾ファミリーマートのグループ企業の例を参照。

10)　中華民國華民國行政院主計總處「人力運用調查」の2018年のデータでは、男
性と女性の平均賃金格差はおよそ10対8である。(https://www.dgbas.gov.tw/ct.
asp?xItem = 43604&ctNode = 4987&mp = 1　2019年8月24日閲覧)

11)　台湾では戦後のベビーブーマーよりも第二次ベビーブーマーの人口層が厚い
ため、人口ポートフォリオの最も高い山を為すのは40代であり、高齢化の問題
が生じるのは20年後であると考える。

12)　例えば、池永肇恵（2009）や池永の一連の研究に詳しい。

13)　中華民国教育部統計 (https://depart.moe.edu.tw/ED4500/cp.aspx?n =
1B58E0B736635285&s = D04C74553DB60CAD　2019年3月4日閲覧) によれば、
IT関係の学部に進む女性が男性と比べて増加しており、逆に観光サービス関係
の学科に進む男性の比率が上がっている。

14)　中華民国教育部統計「職類別薪資調查」は以下のサイトで公表されている
(https://pswst.mol.gov.tw/psdn/　2019年8月24日閲覧)。また、表2中の職種につ
いて、「管理職」とは部門長、管理監督者を指す。「技術職」とは、エンジニア
や専門職の見習いを指す。「工員」とは、工芸を行う者、機械設備を操作する
者、組み立てを行う者を指す。

15)　この変化についての研究はまだ無く、本研究でも深く追究しないが、一つは
フランチャイズ化による事務作業の増加、もう一つは、セントラルキッチン化
の影響による工場作業の増加が原因にあるのではないかと考えられる。

16)　中華民國行政院主計處「事業人力雇用狀況調查」は以下のサイトで公表され
ている (https://www.dgbas.gov.tw/np.asp?ctNode = 2844　2019年8月24日閲覧)。

17)　2017年度「事業人力雇用狀況調查」によると、上位の管理職や専門職に販売
サービス職から転職してきた者は合わせて6.9％である。

18) パート等労働者とは、パートタイム労働者、派遣労働者、臨時雇用の労働者を指す。

19) 中華民國勞動部「部分工時勞工就業實況調查」は以下のサイトで公表されている（http://statdb.mol.gov.tw/html/svy06/0621menu.htm　2019年8月24日閲覧）。

20) 中華民國勞動部「15-29歳青少年勞工就業狀況調查」は以下のサイトで公表されている（https://statdb.mol.gov.tw/html/svy07/0711menu.htm　2019年8月24日閲覧）。

21) 日本の労働力調査（2019年）は以下のサイトで公表されている（https://www.stat.go.jp/data/roudou/index.html　2019年8月24日閲覧）。

22) 非労働力人口とは15歳以上の就業者と完全失業者を除いた人口である。

参考文献

Autor, David, Frank Levy, and Richard J. Murnane（2003）, The skill content of recent technological change: An empirical exploration,＂*Quarterly Journal of Economics*＂118（4）: 1169-1213.

池永肇恵（2009）「労働市場の二極化―ITの導入と業務内容の変化について―」『日本労働研究雑誌』No.584，pp.73-90。

大竹文雄（2013）「最低賃金と貧困対策」、大竹文雄・川口大司・鶴光太郎編著『最低賃金改革』日本評論社、第7章、pp.169-185。

大橋勇雄（2009）「日本の最低賃金制度について―欧米の実態と議論を踏まえて―」『日本労働研究雑誌』No. 593、pp.4-15。

川口・森（2009）「最低賃金労働者の属性と最低賃金引き上げの雇用への影響」『日本労働研究雑誌』No.593、pp.41-54、日本労働政策研究・研修機構、2009年。

川端基夫（2016）『外食国際化のダイナミズム』新評論出版。

口野直隆・大島一二（2016）「日系外食産業の海外進出戦略」桃山学院大学『経済経営論集』第58集、第2号、pp.1-16。

國府俊一郎（2018）「台湾における高学歴化と不完全就業―宿泊業・飲食サービス業を中心に―」、『日本台湾学会報』第20号、pp.82-103。

辛炳隆（2015）「基本工資審議改革方向之探討」『政府審計季刊』、第35巻、pp.3-12。

蔣賴琦（2007）「基本工資調漲，誰受益？―持續發展產業環境 落實照顧勞工美意」、『勞動保障雙月刊』第17巻、pp.52-55。

賴偉文（2019）「2018年我國基本工資調整之影響與評估」、『經濟前瞻』2019年1月號、pp.46-50。

（こくぶ　しゅんいちろう／大東文化大学）

地域コミュニティにおける
創発的価値創造活動の探求
―徳島県神山町を事例に―

床 桜 英 二

1. 問題意識と研究課題

　人口減少・東京一極集中の加速化などの社会環境の変化により、過疎地域には多くの限界集落が生まれている。今後、多くの過疎集落が存続か消滅かの分水嶺に立つことになる。こうした急速な過疎化、限界集落化の流れの中で、徳島県内では、ICT基盤を活用した新たな地域再生・活性化の動きが出てきている。その1つが、神山町の「創造的過疎」の取組である。「創造的過疎」の提唱者である大南信也[1]は、過疎化を与件として受け入れ、外部から若者やクリエイティブな人材を誘致することで人口構造・人口構成を変化させ、また、多様な働き方や職種の展開を図ることで働く場としての価値を高め、農林業だけに頼らない、バランスのとれた持続可能な地域をつくろうというのが創造的過疎の考え方であると述べている。神山町の事例は、地域に対する強い愛着と地域の将来に対して危機意識を持つ地域リーダーたちが主体となりながら、地域外の多様な人材を誘致し、持続可能な地域づくりを目指すものである。そして、人材の誘致に大きな力を発揮しているのが、首都圏のIT企業などの施設利用型テレワークであるサテライトオフィス（以下「SO」）の誘致である。総務省（2019）によると、2018年度末現在、徳島県は地方公共団体が開設に関わったSOの集積数が全国一の64社となっており、特に、神山町には16のSOが集積して

いる。これは官民連携によるSO誘致のための取組－徳島サテライトオフィス・プロジェクト（以下「SOプロジェクト」）－が功を奏した結果とも言える。

本研究においては、SOプロジェクトの先駆けとなった神山町を事例として取り上げ、神山町の地域リーダーたちが「想像を超えた創造」と表現する、彼ら自身も予期しなかった創発的な価値創造活動がなぜ実現したのかを明らかにすることが主目的である。その際、創発的な価値創造活動と深く関係すると思われる、地域リーダーたちのリーダーシップ（以下「地域リーダーシップ」）と、多様な主体の協働を促進するコミュニケーションの基盤となる仕組みである地域づくりのプラットフォーム（以下「地域プラットフォーム」）に焦点をあてた考察を行う。これは、地域コミュニティの再創造活動は、地域リーダーシップと地域プラットフォームのあり方と密接な関係性があると考えるからである。

2．本研究の構成と方法

第1に、新しい地域コミュニティとはどういうものかについて明らかにする。第2に、地域コミュニティの再創造に資する地域リーダーシップとはいかなるものかについて、リーダーシップ研究を参考にしながら考察を行う。第3に、持続可能な再創造活動に資する地域プラットフォームとはいかなるものかについて考察を行う。以上の検討を踏まえ、地域リーダーシップと地域プラットフォームとの関係性を整理し、新たな分析モデルを提示する。その上で、神山町における地域コミュニティの再創造活動を対象とした実証分析を行うことで、新たな分析モデルの有効性の検証を行う。

なお、実証分析にあたっては、神山町におけるSOプロジェクトの推進に関わった、行政、企業、NPOなどの主要な関係者に対して、2019年1月から2019年8月までの間で複数回のインタビューを実施し、可能な限り多角的な視点から分析を試みている。なお、筆者自身が神山町におけるSOプロジェクト始動時における行政サイドの総括的責任者[2]であったことから、部分的ではあるが参与型観察の手法も取り入れている。

3．地域コミュニティのあり方

　農山漁村を取り巻く厳しい状況を踏まえ、小田切（2018）は、農村をめ
ぐる将来ビジョンの論理を形式的に、①農村たたみ論、②外来型発展論、
③一般型内発的発展論、④新しい内発的発展論の4つに区分した。その上
で、小田切（2018）は、「①の農村たたみ論と④の新しい内発的発展論の2
つの選択肢が、農村の将来展望としてあり、常に競い合っている」とし、
「農村たたみ論への対抗戦略として、新しい内発的発展論のあり方の完成が
求められている」と指摘している。そして、この④の新しい内発的発展論
を、「交流を内発性のエネルギーとする新しい内発的発展論（交流型内発的
発展論）」であり、「『交流』とは,都市−農村交流という狭い意味ではなく、
内外の様々な主体（人、組織）との接触、相互交渉を指している」とも述
べている。また、こうした新しい内発的発展論と関連し、保母（2013）は
「いかなる農山村も、自己完結型ではありえない。農山村は『自立』はでき
なくても『自律』はできる」とし、「経済力の集中・集積する都市との連
携、その活用を図り、また、必要な規制と誘導を行う。国家の支援措置に
ついては、地域の自律的意思により活用を図る」と述べ、連携と交流によ
る自律的発展の重要性を指摘している。
　国は、新しい内発的発展論に注目し、これをベースとした国土形成の議
論を行い、報告書としてまとめた。それが、国土交通省の国土審議会計画
推進部会・住み続けられる国土専門委員会（2019）の、「2019年とりまと
め：新たなコミュニティの創造を通じた新しい内発的発展が支える地域づ
くり」である。この報告書では、新たなコミュニティの創造を通じた新しい
内発的発展が支える地域づくりの重要性を指摘している。まず、活動人口
が増加することに繋がる「新たなコミュニティ」の創造が必要であるとし、
そのために必要な要素を、①人々のつながりをサポートする「人」、②人々
が気軽に集まれる「場」、③人々を継続的につなげる「仕組み」の3点をあげ
ている。新しい内発的発展としては、交流型の内発的発展を支持し、外部
アクターとの連携を強調しながら地域が先導的に活動する「地域先導型」

と、地域との連携を図りつつも外部アクターが先導的に活動する「外部アクター先導型」に分け、両者の中間的なアプローチも含めて、活動の発展段階や、地域の実情に応じて選択すべきとしている。この報告書における新しい地域コミュニティの創造を通じた新しい内発的発展という基本的な方向性については本研究が目指す方向性と一致している。しかし、各論においては直ちに賛同し難い点もある。その1つが地域リーダーに関することである。存続か消滅かの分水嶺に立つ過疎地域の地域コミュニティの現状を鑑みたとき、強い地域愛着と覚悟を持った地域リーダーが、地域コミュニティの発展段階に応じて、効果的なリーダーシップを発揮することが求められる。同報告書が必要だとする「つながりサポーター」や「コミュニティデザイナー」といった人材が、効果的なリーダーシップを発揮する存在なのかどうか不明である。また、「場」づくりについても、同報告書に記載されているような、人が出会い交流するだけの場では地域コミュニティの再創造活動には結びつかない。交流を協働に発展させ、新しい価値の創造、特に経済的価値の創造活動を支援するような「場」であることが必要である。さらに、「仕組み」については、地域コミュニティの再創造活動での試行錯誤により得た知見やノウハウを蓄積し、次代に継承・活用されていくような仕組みが重要である。

　一方、この報告書において、「段階的な地域づくり」という時間軸を設定した動態的な地域コミュニティのあり方という視点を盛り込んでいることは評価できる。同報告書は、「課題解決のための取組や内発的発展に向けた取組は、いずれも大変時間を要するものである」とし、「時間を費やせば費やすほど、問題解決の広がりと深さが前進していくものと捉えると、コストを投資に読みかえることができる。このような考えを地域が共有し、推進するためには、段階的にプロセスデザインを描くことが重要である」と述べ、立ち上げ前→立ち上げ段階→実施段階→継続段階という、4段階のプロセスデザインを示し、「4つの段階を一歩一歩進んでいくことで、あたかも人が多様な経験を積んで成長していくように地域や地域活動が発展していく大きな流れ」の重要性を指摘している。

　こうした動態的な地域コミュニティのあり方に関して、牧野（2014）は、

「新たなコミュニティモデルは、従来のようなある種の静的なコミュニティのあり方、つまり既存の人的・物的または価値的な資源を分配し、配置するシステムとしてのコミュニティから、従来の経済の仕組みを解体・再構築し、文化を発掘して再価値化し、さらに旧来の人間関係を組み換えて新たな価値に基づく関係へと再生しつつ、地域のあり方を、関係性というレベルで組み換えて、再生していくコミュニティへと移行している」と述べている。つまり、新しい地域コミュニティを考える上で、「動態的なもの」として捉え、あるべき姿を追求していくことが重要であるとの指摘である。

　以上から、新しい地域コミュニティとは、「地域住民が主体となり、地域外の人々とも交流しながら、地域性、共同性という地域コミュニティ本来の特徴を生かしつつ、機能性を重視したコミュニティであり、社会環境の変化に応じて成長・発展する存在」とする。ここで、従来型の地域コミュニティと新しい地域コミュニティとを比較すると次のとおりとなる（図1）。

```
＜従来型の地域コミュニティ＞          ＜新しい地域コミュニティ＞
●静態的な地域コミュニティ           ●動態的な地域コミュニティ
　（特徴）                         　（特徴）
・地縁・血縁組織                    ・地域性・共同性と機能性を併せ持つ組織
・行政の補完／行政に依存            ・行政と協働
・内部アクターに限定                ・外部アクターと積極的に交流・連携
・男性中心                          ・多様な構成員
```

図1　従来型の地域コミュニティと新しい地域コミュニティ [3]

出典：筆者作成。

4．地域リーダーシップ

　以上のような新しい地域コミュニティに再創造するためには、地域リーダーシップのあり方が重要な鍵を握る。その地域リーダーシップを検討する際のポイントは2点である。1つは、公式的な権限に依らないリーダーシップであること、2つは、地域コミュニティの成長・発展段階に応じて変化するリーダーシップであること、である。こうした2つの特徴をもつリーダーシップが、経営学におけるリーダーシップ論のいずれに相当する

のかを明らかにする。

（1）公式的な権限に依らないリーダーシップ

疲弊する地域コミュニティを再生・活性化させるには地域リーダーの存在が鍵を握るとの指摘は、先行研究においても数多くなされている。しかし、地域リーダーがどのようなリーダーシップを発揮すれば、地域コミュニティの再生・活性化に繋がるのかといった研究は数少ない。また、地域リーダーには、会社組織の社長が持つような、公式的な権限がない。なぜなら、現在の地域コミュニティは、人々がゆるやかに結びついた集団であり、公式的な権限を持つリーダーがいない、いわゆる「脱中心化（de-cen-ter）した集団」（山内、2017）が地域コミュニティのある意味、特徴と言えるからである。つまり、そもそも公式的な権限を持たない地域リーダーが、どのようなリーダーシップを発揮すれば地域コミュニティの再生・活性化に向けてフォロワーを力強く導くことができるのかということであり、このことについての先行研究は現時点では確認できていない。

リーダーがフォロワーに対して持つ影響力の源泉は、会社や行政組織などでは、権限に依ることが通例であり、その権限はその権限を持つ人の組織内の地位に基づく。つまり、多くの組織では地位に基づく権限によるリーダーシップが基本となる。French & Raven（1959）は、他者に対して影響力を行使できる潜在的な能力である「社会的勢力」（Social Power）という概念を示し、強制性勢力、報酬性勢力、正当性勢力、準拠性勢力、専門性勢力という5つの勢力に分類している。このことに関連し、池田（2017）は、「リーダーの社会的勢力の有無を決めるのは、リーダーではなく、フォロワー」とするとともに、強制性勢力、報酬性勢力、正当性勢力は公式的な地位に付随して得られる社会的勢力であり、準拠性勢力、専門性勢力は公式的な地位に就くかどうかに関わらず獲得し得る社会的勢力としている。重要な点は、組織の規模や複雑化が進むにつれて権限と権力（影響力）の関係は一致しなくなり、「権限がなくても権力がある人、権限があっても権力がない人が現れてくる」（鈴木, 2018）ということである。以上の権限及び権力に関する考察に限定した場合、公式的な権限に依拠しない地域リー

ダーシップとは、組織や集団における公式的な地位に伴う権限に依ることなく、地域リーダーの専門力や人間的魅力などの個人の力により、組織ないし集団の共通目標達成のために行使される影響力ないしそのプロセスということになる。換言すれば、フォロワーを能動的な存在として認識し、共通の目標に向かってフォロワーの自主的、積極的な行動を引き出すのが地域リーダーシップということになる。初期のリーダーシップ論（偉人アプローチ、特性アプローチ、行動アプローチ、状況／コンティンジェンシー・アプローチなど）については、組織における公式的な権限を暗黙の前提としつつ、リーダー一辺倒の研究から、フォロワーとの相互作用を考慮した研究に軸足を移してはいるが、フォロワーは基本的には受動的な存在として位置づけている。一方、互恵的なリーダーシップ（変革型リーダーシップ、サーバント・リーダーシップ、シェアド・リーダーシップなど）は、フォロワーを能動的な存在として捉え、共通の目標達成のためにフォロワーの自主的、積極的な行動を引き出すことにその特徴があることから、公式的な権限に依拠しないリーダーシップとして位置づけることが可能である。

　まず、変革型リーダーシップは、「リーダーとフォロワーが互いにより高次の道徳と意欲を高め合うプロセス」（Burns, 1978）にあり、権限によりフォロワーを動かすのではなく、ビジョンや価値観の共有によりフォロワーの琴線に分け入ってフォロワーの自主的、積極的な行動を促すリーダーシップである。このことから、適切な権限の行使があればより力強く、効果的なものとなるが、必ずしも公式的な権限によらなくても一定の効果を期待できるリーダーシップと考える。

　次に、サーバント・リーダーシップは、Greenleaf（1977）が提唱した理論であり、リーダーが、まずフォロワーに尽くすことで、その信頼を得て、フォロワーが自らの意思で、リーダーとともにあるべき姿の実現に向け、行動することを促すリーダーシップである。すなわち、リーダーとフォロワーとの信頼関係を構築し、熟成させていくことで効果を発揮するリーダーシップである。それだけに、いかに信頼を作り上げ、いかに信頼を強固なものにしていくのか、また、いかに信頼を持続させていくのかが強く

問われるリーダーシップであり、そこには公式的な権限であることは、必須の条件ではない。

そして、シェアド・リーダーシップは、伝統的、階層的、または垂直的なリーダーシップ・モデルのように、リーダーシップは、上級管理者の役割を担う個人に制限されるものではなく、高度に共有されたリーダーシップは、グループまたは個人のチーム内に広く配分されるべきものとの考え方に立つ（Pearce & Conger, 2003）。つまり、組織あるいは集団の複数の人間、時には全員がリーダーシップをとることが重要と考えるものであり、「『リーダー→フォロワー』という『垂直的な関係』ではなく、それぞれのメンバーが時にリーダーのように振る舞って、他のメンバーに影響を与え合うという、『水平関係』のリーダーシップ」（入山, 2016）であることから、公式的な権限は前提とはなっていない。

(2) 変化するリーダーシップ

数多くあるリーダーシップ論の中で、社会のダイナミックな環境変化に適応し、リーダーシップもまた変化するという視点を取り入れたものは多くはない。それを代表するものが、状況／コンティンジェンシー・アプローチに分類される、Hersey & Blanchard（1977）の状況適応リーダーシップ論である。この理論は、フォロワーの成熟度の発展によりリーダーシップも変化すべきとの理論構築を行っており、時間軸を導入した理論としては画期的なものではある。しかし、フォロワーの「個」の技術・技能などの成熟度の進化に焦点化したもので、組織あるいは集団が総体として社会の環境変化に適応していくというダイナミックスを考察するものではない。この状況適応リーダーシップ論以外のリーダーシップ論については、時間軸を導入し変化するリーダーシップという視点からの分析は現時点では確認できていない。なお、Hersey & Blanchard（1977）の状況適応リーダーシップ論以外の「状況／コンティンジェンシー・アプローチ」は、ある状況において、最も相応しいリーダーシップ・スタイルを特定するというところにその本質がある。つまり、ある時点の状況を切り取って、リーダーシップ・スタイルを考えるもので、そうした意味においては、静態的

な分析と言える。

　そこで、地域リーダーシップのあり方を考えるとき、公式的な権限に依拠せずとも効果を発揮しうる互恵的なリーダーシップを、地域コミュニティの成長・発展段階に応じて組み合わせていくことで、その有効性をより高めることができるものと考える。つまり、シェアド・リーダーシップという、「水平関係のリーダーシップ」を基本としながら、革新的再興期には変革型リーダーシップと組合せ、また、成長・安定期にはサーバント・リーダーシップと組み合わせることで、リーダーシップの有効性を高めていき、社会の環境変化にダイナミックに適応するというアイディアである。

(3) 地域リーダーシップモデルの提示

　以上の考察を踏まえ、「動態的地域リーダーシップモデル」を提示する。

　このモデルは、地域リーダーシップは公式的な権限に依拠せず、社会の環境の変化に応じてリーダーシップもまた変化することで有効性を高めることができるとの前提のもと、次の2つの仮説から構成されている（図2）。

　（仮説1）衰退・停滞期にある地域コミュニティを、革新的再興期に導く

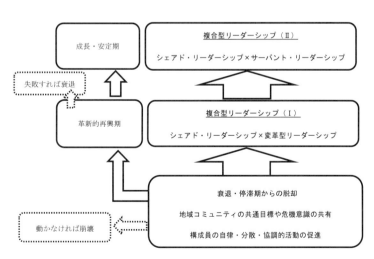

図2　動態的地域リーダーシップモデルのイメージ

出典：筆者作成

には、シェアド・リーダーシップと変革型リーダーシップを組み合わせた複合型のリーダーシップ（図では「複合型リーダーシップ（Ⅰ）」と表示）が有効であること。

（仮説2）革新的再興期から成長・安定期に移行した後は、シェアド・リーダーシップとサーバント・リーダーシップを組み合わせた複合型のリーダーシップ（図では「複合型リーダーシップ（Ⅱ）」と表示）が有効であること。

5. 地域プラットフォーム

　地域コミュニティの再創造活動は息の長い取組となる。この間、地域リーダーが個々のフォロワーとフェイス・トゥ・フェイスで向き合い、あるべき姿に向かってともに歩んでいくことはもちろん大切である。同時に、多様なフォロワーが自律・分散的に活動しながら、全体として協調的な活動となり、地域コミュニティの再創造という共通目標を実現していくためには、仕組みとしての地域プラットフォームが重要である。この地域プラットフォームをいかに設計し、改善し、維持していくかが、地域リーダーの、実は最も重要な課題であり、この出来・不出来が新しい地域コミュニティの再創造の成否を分ける。

（1）地域プラットフォームの定義
　プラットフォームは、日常的には「駅などで、乗客が乗り降りする一段高くなった場所」（広辞苑）との意味や、コンピュータ・システムの基盤となる、ソフトウェアやハードウェアを指す用語として使用されている。産業界を中心に多用されているプラットフォームの概念が、地域づくりの議論において、多様な人々がかかわる場や仕組みを表す言葉として使用されるようになっている。國領（2011）は、「伝統的なつながりが失われながら、高齢社会を支えなければいけない地域などにおいて、物理的、組織的、制度的プラットフォームを構築することで、存在する力を再結集して自律自助ができる地域社会を構築しようという考え方が一般化して、そこにプ

ラットフォームと言う言葉が適用されている」とし、地域社会の文脈の中でのプラットフォームを「多様な主体が協働する際に、協働を促進するコミュニケーションの基盤となる道具や仕組み」と定義している。また、飯盛（2015）は、國領の定義に、地域での文脈を加味した上で、「空間」を加え、プラットフォームを「多様な主体の協働を促進するコミュニケーションの基盤となる道具や仕組み、空間」とした。そして、敷田・森重・中村（2012）は、地域プラットフォームを「複数のアクターが参加し、コミュニケーションや交流することで、相互に影響し合って何らかのものや価値を生み出す場やしくみ」としている。

　以上から、本研究においては、地域プラットフォームを、「地域内外の主体の協働を促進し、地域コミュニティの再創造に資するコミュニケーションや活動の基盤となる道具や仕組み、空間」と定義する。

（2）地域プラットフォームの設計ポイント

　國領（2011）は、プラットフォーム設計指針を提示している。それは、①資源（能力）が結集して結合する空間をつくること、②新しいつながりの生成と組み替えが常時起こる環境を提供すること、③各主体にとって参加障壁が低く、参加のインセンティブを持てる魅力的な場を提供すること、④規範を守ることが自発性を高める障壁をつくること、⑤機動的にプラットフォームを構築できるオープンなインフラを整えること、の5点である。

　これらを参考に、地域コミュニティの再創造に資する地域プラットフォームの設計ポイントを確認する。第1点目は、地域コミュニティの各主体が自律的、分散的に活動しながら、全体的には協調的な活動となるよう、地域プラットフォームの設計を行う必要がある。つまり、地域内外の多様な人々を受けとめ、彼らの自律的・分散的な活動が、全体を俯瞰したときには、結果的には協調的な活動になるように地域プラットフォームの設計を行わなければならない。この点に関して、飯盛（2015）は、効果的な地域プラットフォームの設計には、「プラットフォームへの参加の障壁、つまり境界（Boundary）をどのように設計するか」が重要であると指摘している。地域の再生・活性化には多様な人材の確保が重要であることから、

まずは境界をゆるやかに設定することで幅広く人材を受け入れ、交流していく過程において、地域の実情に即した最適な境界を見出していくことが基本となる。

　第2点目は、社会の環境変化に適応するためには、進化する地域プラットフォームでなければならないということである。社会の環境変化に適応するため、地域プラットフォームも変化しなければならない。変化ができなければ、地域プラットフォーム自身が、新たな再創造活動を抑止する装置ともなりかねないからである。そして、地域プラットフォームの変化のためには、地域コミュニティの再創造活動のプロセスで学習した知見やノウハウを「見えざる資産」として地域コミュニティに蓄積し、次代に繋げていく仕掛けを、地域プラットフォームの中に組み込むことも必要である。

　第3点目は、ICT基盤を活用し、地域内外のアクターの持つパワーを活用できるように、地域プラットフォームの設計を行う必要があるということである。過疎地域の停滞・衰退の大きな要因の1つが、様々な資源を持つ都市部との物理的な距離の壁である。この距離による時間コストの壁を打ち破ったのが、ICT基盤を活用したテレワークである。地域プラットフォームは、フェイス・トゥ・フェイスのリアルな空間での人々の交流とともに、SNSなどによるバーチャルな空間での人々の交流も視野に入れることで、新たなスキルや感性、発想をもった創造性豊かな人材を地域コミュニティに取りこむことが可能となる。

　以上のように、それぞれの地域コミュニティの実情に適応した地域プラットフォームの設計、改善、維持を行うことができるか否かは、地域コミュニティの行く末に大きな影響を与える。地域リーダーにとっての最も大きな仕事の1つが、地域プラットフォームの適切な設計にあると言っても過言ではない。

6. 分析枠組

　これまで地域リーダーシップと地域プラットフォームについて考察を行ってきた。この両者が相互に有機的に繋がることで、持続可能な地域コ

ミュニティの再創造が可能となる。その関係性を図示すると次の通りとなる（図3）。

図3　地域リーダーシップと地域プラットフォームとの関係性
出典：筆者作成。

　これらの地域リーダーシップと地域プラットフォームを統合し、地域コミュニティの変化に応じて、リーダーシップ及びプラットフォームも変化する「動態的地域プラットフォーム・リーダーシップモデル」を示すと次の通りとなる（図4）。なお、このモデルは「動態的地域リーダーシップモデル（図2）」を発展させたものである。

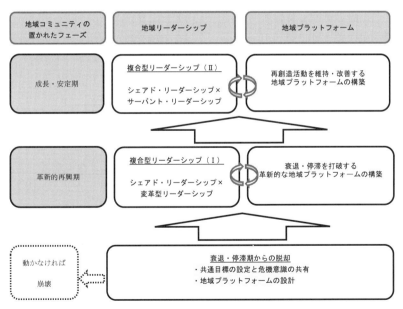

図4　動態的地域プラットフォーム・リーダーシップモデルのイメージ
出典：筆者作成

7. 実証分析－神山町のケース

　「動態的地域プラットフォーム・リーダーシップモデル」が、神山町の地域
コミュニティの再創造活動の分析において、有効なのか否かの検証を行う。

（1）神山町の地域コミュニティ再創造に関する先行研究

　神山町の地域コミュニティの再創造に関する研究については、床桜
（2018）のSOプロジェクトの始動時における行政、企業、地域といった各
主体の連携プロセスを分析した研究や、小田・遠藤・藤田（2019）のSOプ
ロジェクトの地域政策的な観点からの研究がある。また、野中・廣瀬・平
田（2014）は、ソーシャル・イノベーションの視点から分析を行い、神山
モデルの持つ自律分散型の地域づくりに特徴を見出している。神山町の地
域コミュニティの再創造活動を担っている人々にフォーカスした著作もあ
る[4]。これら研究や著作の中には、リーダーやリーダーシップに関わる簡
単な記述もあるが、地域リーダーシップや地域プラットフォームの観点か
ら詳しく分析したものは現時点では確認できていない。

（2）SOプロジェクトの背景と歩み

　2011年5月から、徳島県では、新たな視点から過疎地域の再生・活性化
のための実践モデルの検討に着手し、より幅広い視点から効果的な施策を
得るため、産学官からなる「とくしま集落再生プロジェクト会議（以下
「プロジェクト会議」）」を発足させた。いわゆる過疎対策のための検討会議
であり、筆者はプロジェクト会議の事務局を総括する立場となった。プロ
ジェクト会議の立ち上げに当たって、次の基本的な方針を立てた。1つは、
「検討会議」ではなく「プロジェクト会議」とすることで、意見交換だけの
場ではなく、目標と期限を定め、その実現のためにプロジェクト会議メン
バーにもアクターとしての協力を得ること、また、そうした意欲と行動力
のある人物に委員に就任してもらうこと、2つは、過疎地域を「弱者」と
見なす従来型の「弱者救済型過疎対策」ではなく、過疎地域のもつ強みを

抽出して、それを強化する「個性伸張型過疎対策」を展開すること、3つは、地上デジタル放送の開始（2011年7月）に備え10年来整備してきたCATV網のもつ、高速インターネット機能を活用した過疎対策を行うこと、であった。

　以上の方針のもと、プロジェクト会議の中核的検討事項に据えたのが、過疎地域に首都圏や関西圏のIT企業などの施設利用型テレワーク、すなわちSOを誘致する取組である。この取組は、行政、企業、地域の3者による官民連携プロジェクトであり、現在も「徳島サテライトオフィス・プロジェクト」として継続している。

　2011年9月、神山町の空き家となっていた古民家を借り受け、官民連携により実証実験から始めたのがSOプロジェクトである。SOプロジェクト始動時には、「過疎地域に東京のIT企業の社員が来るはずがない」といった否定的な意見が大勢を占める中、行政、地域、企業のそれぞれ少数ではあるが、SO誘致の可能性を信じたメンバーが連携し、試行錯誤を繰り返しながら理解者を徐々に拡大し、プロジェクトの実現に努力した結果が、2019年3月末現在、地方公共団体が開設に関わったSO集積全国一（64社）という成果である。

　神山町におけるSO開設は、神山町内でも比較的人口が多い神領（じんりょう）地区を中心に開設されている。この地区から徳島市内中心部へは、車を活用すれば約40分程度で行くことができる神山町の中では比較的利便性の良い場所である。

　SOプロジェクトは、2011年から始まったが、神山町における新たな視点からの地域コミュニティの再創造活動は、1990年頃からスタートしている。当時は、右肩下がりの人口減少に歯止めがかからず、地域コミュニティの存続に関わるような課題が顕在化してきた時期である（図5）。

　こうした地域の持続可能性に赤信号が点滅していた時に、従来にはない新しい視点からの地域再生・活性化に取り組む、地域に対する強い愛着を持つ複数の人々が現れた。その活動の始動時からSOプロジェクトの展開、そして現在に至るまでの組織化のプロセスや主な再創造活動について確認する（表1）。

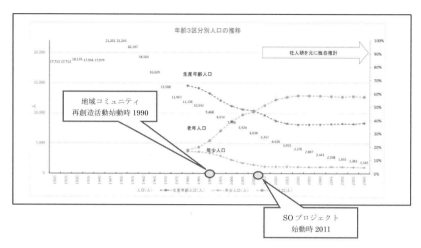

図 5　神山町の人口動態（予測を含む）

出典：神山町（2018）「神山町創生戦略・人口ビジョン」をもとに筆者加筆修正。

表 1　組織化のプロセスや主な再創造活動

フェーズ	年月	組織化プロセスや主な再創造活動
衰退・停滞期	～1990	町内会が主体となった伝統的行事などを実施。
革新的再興期（Ⅰ） 国際交流をテコに地域に元気をもたらす	1991.8	「アリス里帰り推進委員会」結成。戦前に親善目的で米国から神山町へ送られた人形の送り主を探し出して米国に訪問し、人形を里帰りさせようというプロジェクト。海外訪問団の中に、再創造活動の地域リーダーとして活動することとなる、大南などが含まれていた。
	1992.3	上記訪問団の主要メンバーで「神山町国際交流協会」発足。 ※主要メンバー：大南・佐藤・森・岩丸などで商工業や建設業の企業経営者ら。
	1997.4	徳島県提案の「とくしま国際文化村構想」に呼応し、地域住民からなる「国際文化村委員会」を設立し、住民や企業のボランティアによる道路清掃によるイメージアップ戦略としての「アドプト・ア・ハイウェイ」（1998）や、芸術家の卵を招聘し、地域との交流により地域活性化を目的とする「アーティスト・イン・レジデンス」（1999）を矢継ぎ早にスタートさせた。
革新的再興期（Ⅱ） 持続可能な地域づくりのための基盤整備を行う	2004.11	NPO 法人グリーンバレー（以下「グリーンバレー」）設立。（2017 年より認定 NPO 法人）
	2007.4	グリーンバレーが、神山町の公の施設である神山町農村環境改善センターの指定管理者となる。このことで NPO 法人としての財政基盤の強化に繋がった。
	2007.10	グリーンバレーが、神山町移住交流センター業務を受託し、地域づくりの鍵を握る人材誘致に関する重要な役割を担うようになる。このことで、後の SO プロジェクト推進におけるオフィスや社員住居の物件情報提供に繋がっていった。また、空き家を呼び水としてスキルをもった人材を誘致する「ワーク・イン・レジデンス」の取り組みにも生かされることとなる。

	2008.6	WEB サイト「イン神山」を開設し、神山の「創造的過疎」の今を全国に情報発信する。新しい内発的発展のためには地域内外との交流が重要であり、サイトの開設によりその体制が整った。グリーンバレーが、持続可能な地域づくりを担っていく中間的な地域組織としての体制が概ね整ったのである。
革新的再興期（Ⅲ） SO 誘致による多様な人材の確保	2010.10	東京で名刺管理サービス事業を展開していたベンチャー企業・Sansan（株）が、古民家の畳敷きの和室にパソコンを持ち込み、仕事をするような素朴な環境であったが、「神山ラボ」を開設した。同社の社長の個人的なネットワークの中で神山の活動を知り、偶発的な SO 開設であった。このことが翌年からスタートする「徳島サテライトオフィス・プロジェクト」にも繋がっていく。
	2011.8	徳島県が「とくしま集落再生プロジェクト会議」を立ち上げ、そのメンバーとして、神山町からは、後藤町長（今も現職）、大南グリーンバレー理事長（当時。今は、同理事）も加わった。神山町の両者をメンバーとして選任したのは、県下市町村の中で、全集落に占める限界集落の割合が最も高かった町であることや、アート・イン・レジデンスを始めとする特色のある地域活動が注目を集めていたからである。
	2011.9 〜 2011.11	過疎地域における SO において、首都圏と同水準の業務が遂行できるかの実証実験を、県、NPO、企業の官民連携により行った。具体的には、神山町の古民家「ヤマニハウス」を借り上げ、東京に本社がある IT ベンチャー企業・（株）ダンクソフトの社員の協力のもと、約 2 週間の実証実験を行った。また、同年 11 月にも同様の実証実験を行った。その結果、クオリティの高い仕事ができるのか疑心暗鬼であった社員たちも、「通信速度が東京よりも速い」（社員の感想）や、豊かな自然の中での暮らしによるワーク・ライフ・バランスの実現などについて手応えを感じた。このように、本格実施向けての業務面での課題はクリヤーできたものの、SO の本格的な開設には依然不透明な状況が続いた。
成長・安定期	2011.12	こうした不透明な状況の中で進んでいった SO プロジェクトであるが、NHK の NW9 で、神山町の実証実験が放映され、全国から問合せが増え、SO 開設の機運が一気に盛り上がっていった。
創発的価値創造の実現	2012.3 〜 2013.10	その後、約 1 年半の間で、5 社が SO 開設を正式に決定した。
	2013.1 〜 2019.3	・2013.1　コワーキングスペース「神山バレー・サテライトオフィス・コンプレックス」が、グリーンバレー、町、県の連携のもと開設。 開設の背景には、SO 開設希望企業が増える一方で、オフィスとして活用できる空き家が不足してきたこと。また、改修費用をかけずにオフィスとして活用できる空間を求める声が企業サイドから強くなっていったことも影響している。 ・その後順調に、SO 開設(2019.3 現在で 16)やそれに連動して創発的な価値創造活動が実現した。主なものを取りあげると次の通りとなる。 ・2013.7　（株）プラットイーズの SO「えんがわオフィス」開所。 　　　　※テレビ素材のアーカイブ会社 ・2013.7　「神山しずくプロジェクト」開始。 　　　　※水源涵養を目的に地元杉材を活用したデザイン性溢れる木製品づくり ・2013.12「カフェ・オニヴァ」開業。 　　　　※元・造り酒屋の建物をフレンチ料理の店にリノベーション ・2015.7「WEEK 神山」開業。 　　　　※交流型宿泊施設

		・2016.4「フードハブ・プロジェクト」開始。
		※「地産地食」をキーワードに神山町の農業を次代に繋ぐ取組
		・2016.6「Kamiyama Makerspace」開所。
		※デジタル工房。Fablab 的機能を持つ
		・2018.6「Kamiyama Beer」開業。
		※地元の水、小麦に拘ったマイクロビール醸造所
（新たな挑戦）	2019.4 〜	・2023.4「私立高等専門学校開校」に向けた挑戦。 　学校の概要は、次のとおりである。 　1学年 40 人（全寮制）。AI、デザイン、アートなどを学び起業家精神を持った人材を育成する。「まるごと高専」を基本コンセプトにし、SO の集積により集まってきたクリエイティブ人材も高専の講師となり、また、学生も SO で実践を学ぶという、校舎という物理的空間に制約されない開かれた学校を目指すというものである。このプロジェクトの成否は、当初の革新的再興期を牽引してきたベテラン地域リーダーと、AIR や SO を通じて新たに参画してきた若手リーダーとの連携・協力のいかんにかかっている。

出典：筆者作成。

以上の再創造活動のプロセスと主要な活動を整理すると次の通りとなる。

①革新的再興期（Ⅰ）＝ AIR 推進のための地域プラットフォームの形成
　国際交流をテコに地域を元気するための活動を、複数の地域リーダーたちが連携して実践した時期である。特に、「アーティスト・イン・レジデンス（AIR）」がその中核的な事業であり、芸術家の卵が集い、交流し、創作活動を行うための AIR 推進のための地域プラットフォームが形成されたのもこの時期である。

②革新的再興期（Ⅱ）＝地域づくりのための中間的な地域組織 NPO 法人
　　　　　　　　　　　　の設立
　持続可能な地域づくりのための基盤整備を行った時期である。国際交流のみならず地域コミュニティの再創造のための活動を支える、NPO 法人グリーンバレーが設立されたのもこの時期である。地域プラットフォームを個人ではなく、組織として維持・改善することにおいて、中間的地域組織であるグリーンバレーが重要な役割を果たしていくことになる。

③革新的再興期（Ⅲ）＝SO集積のための地域プラットフォームへの進化

多様な人材誘致を行うためにサテライトオフィスの実証実験を行うなど、従来とは異なる視点から地域コミュニティの再創造活動に挑戦した時期である。AIR推進のためのプラットフォームがSOプロジェクト推進のためのプラットフォームに進化した時期にあたる。

④成長・安定期＝コワーキングスペースの開設と創発的な価値創造活動

SOの集積に伴い共創空間としてのコワーキングスペースが開設され、多様な人材が集まり、交流、結合することで創発的な価値創造活動が次々と生まれる時期にあたる。また、現在、「神山まるごと高専構想」の実現に挑戦している。成長・安定期に安住することなく、新たな目標を設定し、実現に向けた取り組みが始まったところである。

（3）地域プラットフォームの進化

SOプロジェクト本格展開のために、筆者が官民連携による最初の実証実験の場に神山町を選定したのは、神山町には、SO誘致に応用可能な、地域プラットフォームが既に存在していたからである。すなわち、NPO法人グリーンバレーが核となり、長年にわたり取り組んできたAIR推進のための地域プラットフォームが形成されていたのである。

この地域密着型の国際的芸術文化交流であるAIRを推進するために地域住民が主体となって形成した地域プラットフォームを土台として、SOプロジェクトの着手を契機に、SO集積の推進のための地域プラットフォームに進化させていったのである。アーティスト誘致のための地域プラットフォームと、ITエンジニアの誘致のための地域プラットフォームとの共通点は、創造性を大切にし、多様な人々の活動を下支えする機能を持つということである。このことについて、大南は「クリエイティブな人材が訪れたいと思うような雰囲気や、交わる場づくりこそが重要であり、それが実現すれば自然発生的に創造的な活動は生まれる」と述べている。

つまり、SO集積には、テレワークに必要なICT基盤や生活基盤などの物

理的な環境整備に加え、地域内外の主体の協働を促進し、地域コミュニティの再創造に資するコミュニケーションや活動の基盤となる道具や仕組み、空間としての地域プラットフォームが必要ということである。

　このような創発的な価値創造活動は、地域リーダーのみが考え、フォロワーに指示をしながら実現するといった集権・依存的な進め方では実現できるものではない。多様な人々がそれぞれの特徴を生かして、自律・分散的に考え、活動することで生まれてくるものである。地域リーダーの役割は、個々のフォロワーを導くことよりも、フォロワーが自律・分散的に活動し、全体として協調的な活動が実現するような、地域プラットフォームの設計、維持、改善することの重要性を、神山町の事例が示唆している。

（4）新たな分析モデルの有効性
　神山町の地域コミュニティの再創造活動のプロセスに沿って、地域リーダーシップと地域プラットフォームのあり方を確認してきた。その結果は次の通りである。

　①地域リーダーの発揮するリーダーシップは、地元では「浮遊するリーダーシップ」と呼ばれているように、複数のリーダーによるシェアド・リーダーシップが確認できること。また、そのリーダーシップは公式的な権限に依拠しないリーダーシップであり、そのことは地域コミュニティの再創造活動の始動時から現在に至るまで変わらないこと。

　②革新的再興期は3期に分類できるが、その基本形となっているリーダーシップ・スタイルは、シェアド・リーダーシップを基本とした変革型リーダーシップであること。また、地域プラットフォームは、AIR推進のためのプラットフォームからSO推進のためのプラットフォームに進化するなど、ダイナミックな変化をしていること。

　③成長・安定期においては、シェアド・リーダーシップを基本としたサーバント・リーダーシップが機能していること。この時期のリーダーシップはフォロワーらの活動を下支えするリーダーシップであること。地域プラットフォームは、個々のフォロワーの自律・分散・協調的な活動を、ゆるやかな枠組みで促進する役割を担っていること。

　以上から、神山町の再創造活動プロセスについて、新たな分析枠組としての「動態的地域プラットフォーム・リーダーシップモデル」の有効性は、「概ね支持される」と結論づける（図6）。

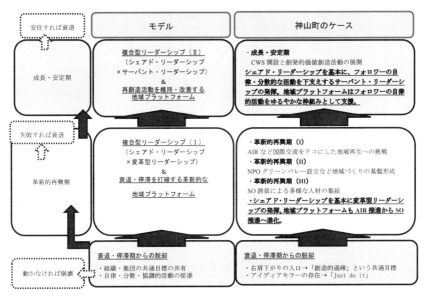

図6　動態的地域プラットフォーム・リーダーシップモデルによる分析
出典：筆者作成

（5）事例の総括

　神山町における地域コミュニティの再創造活動に関して新たな分析枠組みを用いて考察を行ってきた。それを「理念・発展形態」「地域リーダーシップの特徴」「地域プラットフォームの特徴」「分析モデルとの適合性」について整理すると次のとおりとなる（表2）。

表 2　実証分析対象の事例総括表

理念・発展形態	地域リーダーシップ の特徴	地域プラットフォーム の特徴	分析モデルとの適合性 （高い＝○、低い＝△）
創造的過疎 ICT 基盤を活用した 交流型内発的発展	・多様な人々が集い、交流し、新たな価値を創造する「地域プラットフォーム（以下「RF」）」を設計、維持、改善するリーダーシップ。つまり、直接、フォロワーに働きかけるというよりは、RF を構築し、フォロワーの自律・分散・協調的な活動のための基盤をつくり、サポートするリーダーシップ。 ・地域リーダーは自らのリーダーシップを「浮遊するリーダーシップ」としているが、これは複数の地域リーダーによるシェアド・リーダーシップに相当。 ・活動始動時には、シェアド・リーダーシップ×変革型リーダーシップの複合型リーダーシップ（Ⅰ）。 ・安定・成長期には、複合型リーダーシップ（Ⅱ）に変化。	・AIR 推進のための RF →SO 誘致も含む拡張版 RF に進化。その結果、様々な創発的価値創造が実現。RF のマネジメントは NPO グリーンバレーが担当。 ・拡張版 RF の構築により、当初は、IT エンジニア、WEB デザイナーなどの専門性を持つテレワーカーが集結。最近はパン職人、靴職人など多様な人々が集まってきている。 ※AIR：Artist in Residence 1999 年からスタートした国際交流的なアート・プロジェクト。毎年 8 月末から約 2 カ月間、国内外の芸術家の卵を神山町に受け入れ、地域と交流しながら創作活動を行うプログラム。 ※SO：Satellite Office 首都圏や関西圏に本社を置く、IT 企業などの施設利用型のテレワークオフィス。AIR の取り組みも影響し、デザイン・映像系 SO が多いのが神山町の特徴。	総合的判断＝概ね支持される ・変化する○ →立ち上げ時は、複合型リーダーシップ（Ⅰ）。現状は、複合型リーダーシップ（Ⅱ）。 ・権限に依拠しない○ →そもそも公式的な権限を持たない地域リーダーや NPO 法人が再創造活動の旗振り役を担っている。NPO 法人内部のリーダーとメンバーの関係も水平的。 ・自律・分散○／協調△ →ゆるやかな繋がりと「Just do it」の精神を大切にしている。必要に応じて連携し協働プロジェクトを実施。

出典：筆者作成。

8. まとめと今後の課題

　本研究においては、徳島サテライトオフィス・プロジェクトの先駆けとなり、今もなお全国から視察者が相次いでいる神山町を事例として取り上げ、創発的な価値創造活動がなぜ実現したのかを明らかにすることを主目的に考察を進めてきた。

　事例分析に先立って、地域コミュニティの再創造に資する地域リーダーシップや地域プラットフォームとはいかなるものかについて考察を加えた。

その上で、新たな分析モデルとして、「動態的地域プラットフォーム・リーダーシップモデル」を提示した。

　この分析モデルの有効性を検証するために、神山町における地域コミュニティの再創造活動の始動時まで遡り、インタビューにより得られた1次情報や資料等をもとに、活動の革新的再興期から現状の成長・安定期に至るまでの分析を行った。その結果、神山町のケースにおいては、分析モデルが「概ね支持される」との結論を得たところである。

　今後の課題は、次の3点である。第1に、本研究は特定の地域コミュニティを事例として取り上げ分析を行ったものであるため、当該地域コミュニティの傾向が明らかになっただけという批判は免れない。そこで、他地域の地域コミュニティの実証分析も行い、モデルの有効性や限界について詳細に分析を行うことで、モデルとしての精緻化と汎用性を高めていく必要がある。第2は、長い時間軸の中で地域コミュニティの再創造を捉えるために、定性的な分析に終始したが、少なくとも現状においては、定量的な分析も併せて行うことで、分析モデルの信頼性を高めていく必要がある。第3に、地域コミュニティの弱点の1つは再創造活動により得られた知見やノウハウを蓄積し、次代に継承するシステムが未整備であることである。従って、一代限りの再生・活性化に終わるケースも珍しくはない。「学習する組織」論や「実践共同体論」などの先行研究を踏まえて、実効性の高い地域コミュニティの学習・伝承システムの検討を行いたい。

注
1)　NPO法人グリーンバレーの現理事で、元理事長。
2)　徳島県地域振興総局長（2011.5-2012.3）時にSOプロジェクトを企画・実施。
3)　「地域コミュニティ」に関して、総務省コミュニティ研究会（2007）は、「（生活地域、特定の目標、特定の趣味など）何らかの共通の属性及び仲間意識を持ち、相互にコミュニケーションを行っているような集団（人々や団体）」をコミュニティとし、この中で「共通の生活地域（通学地域、勤務地域を含む）の集団によるコミュニティを特に地域コミュニティ」としている。また、「再創造」について、村上（2017）は、「従来の『枠』や『型』にとらわれず大胆な創造的発想での未来志向的な"まち"を創りあげていくこと」としている。
4)　グリーンバレー・信時（2016）：「神山プロジェクトという可能性」、神田

（2018）：「神山進化論」など。

参考文献

Burns, J.M.（1978）*Leadership*, New York : Harper ＆ Row.

French, J.R.P., ＆ Raven, B.H.（1959）*The Bases of Social Power, In D. Cartwright (ed.), Studies in Social Power*, Institute for Social Research.（佐藤静一訳「社会的勢力の基礎」三隅二不二・佐々木薫訳編『グループ・ダイナミックスⅡ』誠信書房, 1959年）

Greenleaf, R.K.（1977）*Servant Leadership：A journey into the Nature of Legitimate Power ＆ Greatness*, Paulist Press Inc.（金井壽宏監訳・金井真弓訳『サーバント・リーダーシップ』英治出版, 2008.）

Hersey, P., ＆ Blanchard, K.H.（1977）*Management of Organizational Behavior : Utilizing human resources*, Englewood Cliffs, NJ: Prentice-Hall.

Pearce, C.L., ＆ Conger, J.A.（2003）*Shared Leadership：Reframing the Hows and Whys of leadership*, Thousand Oaks, CA：Sage.

池田浩編著（2017）『産業と組織の心理学』サイエンス社.

飯盛義徳（2015）『地域づくりのプラットフォーム－つながりをつくり、創発をうむ仕組みづくり－』学芸出版社.

入山章栄(2016)「世界標準の経営理論」『Harvard Business Review』第41巻, 第5号, 124-135.

NPO法人グリーンバレー・信時正人共著（2016）『神山プロジェクトという可能性－地方創生、循環の未来について』廣済堂出版.

小田切徳美（2018）「農村ビジョンと内発的発展論」小田切徳美・橋口卓也編著『内発的農村発展論 理論と実践』農林統計出版, 1-20, 341-358.

小田宏信・遠藤貴美子・藤田和史（2019）「徳島サテライトオフィス・プロジェクトの政策形成とその展開」『成蹊大学経済学部論集』, 第50巻, 第1号, 29-53.

神山町（2018）「神山町創生戦略・人口ビジョン－まちを将来世代につなぐプロジェクト, v.l.2」

国土交通省・国土審議会計画推進部会・住み続けられる国土専門委員会（2019）「2019年とりまとめ－新たなコミュニティの創造を通じた新しい内発的発展が支える地域づくり－」

國領二郎編著（2011）『創発経営のプラットフォーム－協働の情報基盤づくり－』日本経済新聞出版社.

敷田麻実・森重昌之・中村壮一郎（2012）「中間システムの役割を持つ地域プラットフォームの必要性とその構造分析」『国際広報メディア・観光学ジャーナル』, 14, 23-42.

鈴木竜太（2018）『経営組織論』東洋経済新報社.

総務省コミュニティ研究会（2007）「地域コミュニティの現状と問題（未定稿)」.

総務省（2019）「地方公共団体が誘致又は関与したサテライトオフィスの開設状況調査結果」.

床桜英二（2018）「徳島サテライトオフィス・プロジェクトの意義」, 古賀広志ほか編『地域とヒトを生かすテレワーク』同友館, 31-56.

野中郁次郎・廣瀬文乃・平田透（2014）『実践ソーシャルイノベーション－知を価値に変えたコミュニティ・企業・NPO－』千倉書房.

保母武彦（2013）『日本の農山村をどう再生するか』岩波書店.

牧野篤（2014）『生きることとしての学び－2010年代・自生する地域コミュニティと共変化する人々－』東京大学出版会.

村上則夫（2017）「地域社会の再創造のあり方に関する一考察－まちづくりへの取り組みとその方向性を巡る思索－」『長崎県立大学論集』第50巻, 第4号, 119-141.

山内裕・平本毅・杉万俊夫（2017）『組織・コミュニティデザイン』共立出版.

（とこざくら　えいじ／徳島文理大学）

『CSRの終焉—資本主義における役割を問う』

(Peter Fleming, Marc T. Jones *The End of Corporate Social Responsibility: Crisis And Critique*, 2013)

ピーター・フレミング、マーク・ジョーンズ著、百田義治監訳、中央経済社、2019年

國　島　弘　行

1　『CSRの終焉』をめぐって

　今、企業不祥事が続発するなか、企業の社会的責任（以下、CSR）を問う声が大きくなり、企業もCSR制度を導入してきている。本書は、CSRへの批判的視点からの理論的・実証的な分析であり、刺激的で体系的な書物である。

　序章「なぜCSRの終焉なのか？」では、CSRを3つのパースペクティブ（分析視角）に整理する。第1は、なぜ企業は自発的なCSRを採用すべきかを論ずる。それは、倫理主義の視点であり、その経済的合理性を享受しようとするものである。第2は、なぜ企業はCSRを採用すべきでないかを論ずる。それは、自由市場至上主義的な所有権論の視点であり、経営者に株主価値の増大だけを求める。第3は、なぜ私たちはCSRに批判的でなければならないかを論ずる。それは、批判的政治経済学の視点であり、本書の立場であるという。

　第1章「ブラインドで覆われた家にようこそ—CSRが見ないもの」では、多くのCSRの議論は、「CSRは企業に経済的利益をもたらすか」という関

心からの「啓発された自己利益」を追求する「よい企業」というイデオロ
ギーであり、市場がすべてを解決する「神の見えざる手」の延長上にある
と分析する。深刻な環境問題、エネルギー問題、南北格差問題等の地球規
模の現代危機である「ギガトレンド」は企業がもたらしたものであり、「企
業にはできないこと」の検討が必要であると主張する。

　第2章「多国籍企業は救世主か？」では、「企業市民論」は、多国籍企業
を「善良な企業市民」に見せかけるための「道具的CSR」であるとする。
グローバリゼーションが、「個人の市民的権利を擁護する責任」の政府から
企業への移転、市民権の商品化、国家の市場志向的規律化・新自由主義的
「脱民主主義」化、社会問題の「制度的空白」拡大、海外へのアウトソーシ
グによりグローバルな労働条件低下を引き起こしたと指摘する。

　第3章「ステークホルダー論など『倫理的企業』の夢想」では、「主流派
のステークホルダー・マネジメント」における企業と多様な利害関係者と
の対話・協議・交渉の場は、力関係のバランスを欠いた場で、「対等な場で
はない」と主張する。グローバル資本主義の構造的背景との関連で権力・
力関係を分析する「批判的ステークホルダー分析」を提起し、「資本主義の
根本的再編なしに、ステークホルダー分析の民主主義的な理想」の達成は
ないという。

　第4章「民衆の新型アヘン―CSRと従業員」では、CSRや企業倫理のプ
ログラムが、労働者の価値観と利潤追求を統合し、労働者を企業に「同化
する」イデオロギー的機能を持つことを明らかにする。

　第5章「プロパガンダからパラサイトへ？―CSRの批判的政治経済学の
確立に向けて」では、CSRの批判的政治経済学における3つのパースペク
ティブを検討する。第1の「万能薬としてのCSR」論は、CSRによって企
業を「自由な参加型民主主義の手段」に政治的に変革し、企業を民主化で
きると考える。が、「資本主義と討議民主主義が同時に存在することは不可
能」と批判する。第2の「プロパガンダとしてのCSR」論は、グローバル
資本主義の持続不可能性を持続可能にみせる煙幕（隠蔽や無関心化）とし
てCSRを定義する。それは、個別的事例を資本主義的蓄積構造全体の変化
との関連で分析し、「CSRが資本を制御する効果には疑問を」提供する意

義をもつが、「CSRを受動的なものとみなすという弱点をもつ」。第3の「パラサイトとしてのCSR」論は、CSRを企業や市場が人間生活そのもの（生き方）を能動的に資本主義的価値増殖の対象にしていく「バイオ・ポリティカル（生政治）な支配」と捉える。それは、フェアトレードによるブランディング、ソーシャル・アントレプレナーシップによる社会イノベーション、反抗の商品化等であり、「CSRは、企業が生み出した社会的な問題から利益が上」げて、「株主の価値を高める」ものという。

　終章「CSRの終焉—新たなはじまり？」では、主流の「CSRは、企業の自由市場を制限あるいは制御することを意図したものでなく」、株主優先の立場維持、「所有権や経営権の不可侵性」等のイデオロギー的な概念を当然視する、新自由主義的な企業・市場・資本主義的国家等の「正当化できない社会制度のイデオロギー的正当化を意味している」と主張する。しかし、「企業の社会的無責任」の調査、「啓発された自己利益」の範囲の拡大は必要である。が、「自社のCSRの主張を真剣に実現」するつもりのない企業や、「1％の人々」のための大学の管理下にある研究者という「権力についての真実」のため、「CSRを真面目に考え過ぎない」で、研究者の努力と99％のための「アクティビスの努力とを結びつける組織的方法」の実践によって、CSRの理論と実践の「あり方を真剣に変革」すべきという。

　そして、「もし大企業と市場と新自由主義的政府が本当に責任を果たし、民主的になれば」、CSRという認識は必要なくなり、CSRは終焉すると結論付ける。

　本著は、CSRの理論と実践が、批判的政治経済学の立場から、99％の人々の労働や生活を資本の下に包摂している側面をもつことを明らかにした力作である。欧米での批判的経営研究の諸潮流を明快に整理している点でも注目できる。CSRとの関係では、討議民主主義を強調する理論、資本主義の矛盾に対する煙幕の機能を強調する受動的CSR論、資本による市民生活の支配強化を強調する能動的CSR理論に整理している。著者は、後者の2つの理論を評価し、主流CSRは、新自由主義的「社会制度のイデオロギー的正当化」であり、資本の支配に対する受動的・能動的機能をもつと捉える。この整理は、現実のCSRを分析する際、一面では有益である。

　ところで、「CSRは終焉する」と考えることはできるであろうか。「CSR
は終焉しない」と考えるべきである。CSRをめぐる議論のなかで、99％の
人々の人権の立場に立つ民主的CSRが世界・国内での市民社会で浸透する
ことで、1％の人々のための新自由主義的国家政策、株主主権コーポレー
トガバナンス、そして主流派CSRを後退させうる。その結果、力関係が変
容し、企業の民主的社会的責任が深まり、人々の多様な人権と「生活の質」
向上のための99％の人々による社会規制の多様なシステムが作られ、自発
的CSRの積極的側面を拡大させることが可能になる。どのような社会であ
れ、自発的CSRと社会規制的CSRと、ともに必要である。

　本書でも、自発的CSRによる「啓発された自己利益」の範囲の拡大の必
要性、「企業の社会的無責任」を調査する研究者の努力と99％のための「ア
クティビスの努力とを結びつける組織的方法」の実践の重要性が指摘され
ている。それらのためには、資本主義のなかで討議民主主義をいかに深め
られるかが重要であろう。主流の自発的CSRは、資本・企業の市民生活に
対する受動的・能動的支配を深める側面をもつとともに、市民・労働者に
よる資本・企業への社会的規制力を引き出しうる側面をもつことを指摘し
ておきたい。

2　百田義治氏の監訳者解題をめぐって

　監訳者解題では、CSR批判を、批判的経営研究に留めずに、さらに幅広
く整理している。まず、現代資本主義の危機的状況を指摘し、CSRに市民
権を与えたものとしてのISO26000を取り上げる。また、経営戦略論の大家
の「CSR懐疑論」として、CSRを本業に組み入れるべきというポーターの
CSV論、CSRとCSVを批判し、企業や行政をけん制する、市民の下からの
組織である多元的セクターの強化を主張するミンツバーグを紹介する。と
くに、ポーターのCSV論には、「経済価値を生まない社会的課題はそもそ
も選択対象にならない」と限界を指摘する。

　次に、「CSR批判論」を4つに整理し、検討する。第1は、市場主義者フ
リードマンによる「株主主権」の立場からのCSR批判である。その根拠の

1つは、政治家や役人が担う公共と、株主の代理人である経営者が担うビジネスとの分業論である「公共とビジネスの二分法」である。2つ目は、市場が経済的利益と社会的利益を最大化するという「スミス的市場論」である。フリードマンは「企業に利益にならないあらゆる社会的費用を企業は負担すべきでないということを合理化」していると指摘する。しかも、この議論は、経営者を株主の代理人として捉え、株主と経営者との利害を一致させようとする、ジェイセンのプリンシパル・エージェント理論に引き継がれ、マネジメント教育では「神学上の地位を獲得している」としている。

　第2は、制度論者ライシュの民主主義観点から「政府の規制」を重視する「CSR否定論」である。現代の企業主導のCSRを、「民主的プロセス」により企業に社会的責任を果たさせる「政府規制」を回避するものと捉える。その結果、企業が高い倫理観を示すことで企業の社会的責任を曖昧にしてしまい、「CSRは民主主義を衰退させ形骸化させるという評価」になり、「政府規制」の重要性を主張していると整理する。

　第3は、ボーゲルによる、社会的規制を伴わないCSRには期待ができないという「CSR懐疑論」である。そこでの社会的規制は、法的強制力をもつ政府規制だけでなく「市民規制」を含むものである。「市民規制」は国際的行動規範、企業・業界行動規範、多様な社会運動、従業員の価値観等広範なものであり、国際的・国内的企業行動規範は市民・労働運動等の社会運動と結びつくことで一定の影響力をもつことができるという。この議論は、「政府の能力と市民社会の両方を強化する」方向でCSR論を再定義・再評価する必要があると結論づけるものとしている。

　第4は、この本の著者達の、現代資本主義の危機のなかでそれを正当化するものとしてCSRを捉える資本主義批判（反資本主義）の立場からの「CSR終焉論」である。それは、CSRの前提としての現代資本主義の危機的状況の分析を踏まえた点、大企業の支配や株主主権に対抗するキー概念として広く受容されてきた企業市民論、ステークホルダー論、労働CSR論を批判的に分析している点を監訳者は高く評価している。しかし、問題点も多くあると指摘する。1つは、「現代資本主義と現代企業の変革への展望…が、個人の意識と行動のレベルに止まり、政治運動や社会運動などとの

関係において明示的には議論されていない」ということ。次に、批判的経営研究の一潮流としての、「俯瞰的歴史観」を拒絶するフーコー的ポスト・モダン主義の影響を受けており、その結果「政府規制や社会的規制にはほとんど言及されていないことに帰結している」と指摘している。

　監訳者は、この本『CSRの終焉』の意義を「CSRの空白部分ともいえる企業市民論、ステークホルダー論、労働CSR論などに関する研究を前進させ、CSRのイデオロギー性を批判する必要性を積極的に提起し、CSRの批判的政治経済学の確立に向けてさまざまな論点を提起している」ことに求めている。そして、ライシュの「CSR否定論」やボーゲルの「CSR懐疑論」が強調した社会的規制が積極的に位置付けられていないと批判する。「企業と社会の共生の方途としての民主主義的な市場経済メカニズムの実現」には、「社会（市民社会）の論理、民主主義のプロセスを踏まえた政府規制と市民規制を構成要素とした社会的規制が欠かせない」からだという。さらに、市民規制のような政府の強制力をもたないソフトローが実効性をもつためには、「政府の協力、社会運動や労働運動なども含めた社会的要請や圧力」が不可欠と主張する。

　監訳者解題での百田氏のCSR論分析の意義は、「CSR終焉論」の積極性をCSR論の広義化とCSRのイデオロギー性の注目に求めたこと、さらに「CSR終焉論」の欠落部分である民主主義・市民社会を積極的に位置付け、CSRの民主的実効化のための政府規制と市民規制からなる社会的規制の重要性を指摘したことにある。とりわけ、市民の社会運動によって担われる市民規制を強調したことを高く評価したい。

　その上で、さらに、『CSRの終焉』の著者達が否定的に扱ったが、監訳者が「CSRの空白部分」の研究領域を埋めたと評価した、CSRのイデオロギー性、広義のCSR論としての企業市民論、ステークホルダー論、労働CSR論を、人権を持った市民の立場から、批判的に深めることが必要に思える。世界のすべての人が多様な人権を持った個人としての市民になることを追及し、その人権を深めていくことは、資本主義内であろうと、それを超える未来社会であろうと、なされなければならないのである。市民の立場から、これらの問題を批判的経営研究の課題として、以下考えてみたい。

3 CSRに対する批判的経営研究の課題

第1は、CSRをめぐる社会・企業倫理というイデオロギーの評価である。一方で、それは、『CSRの終焉』の著者達が主張するように、企業の社会的責任は所有者・株主（とりわけ投資ファンド）に貢献することであるという所有権・株主価値を絶対視する新自由主義、短期利益追求と企業の社会・環境問題の重視との共存の主張やみせかけのCSR等の新自由主義の補完という側面を持つ。他方で、国連のSDGs等にみられるような、「われら人民」（国連憲章）の人権のグローバルな普遍性（誰一人取り残さない）を主張する社会・企業倫理にもとづくCSRの側面もあり、その存在感は増している。このような対抗関係、とくに支配的権力への抵抗側での社会・企業倫理を積極的に位置づけることが重要になっている。人権の普遍性を主張する社会・企業倫理が社会・世界に普及・定着することは、民主的な社会運動の影響力を拡大し、社会・経済、さらに企業経営のあり方の民主的変革を誘導することになろう。その際、SDGs等による人権の主張をいかなる基準に具体化し、どのように実装化するかという問題とともに、現在の社会・経済政策や企業経営のあり方をいかに変えていくかも問題になる。とりわけ、現在の株価上昇のための短期的利益追求の企業経営をどのように、どのようなものへ変えるかが現代の課題になっている。

第2は、「企業市民論」の問題である。それを、著者達は、多国籍企業を「善良な企業市民」に見せかけるための「道具的CSR」であるとする。しかし、同時に、企業が社会を支配している現状を変革するためには、「企業を市民社会に埋め込む＝一部にしていく」という議論が対抗理論として必要に思える。人権を持った個人としての「市民」が主役となる社会では、企業がどのような社会的役割をもち、どのように行動すべきなのかが検討されなければならない。そこでは、企業が、組織内の多様な個人間、他の組織そして自然との共生関係も深めることが必要である。

第3は、ステークホルダーの問題である。著者達は、企業と多様な利害関係者との対話・協議・交渉の力関係は対等でないとし、「資本主義の根本

的再編なしに、ステークホルダー分析の民主主義的な理想」の達成はない
と主張する。人権を持った市民の立場からの「批判的ステークホルダー分
析」は、グローバル資本主義の構造的背景との関連で権力・力関係を分析
するだけでなく、企業の自治のあり方を、株主から多様な利害関係者へと
転換を迫る可能性を追求すべきである。すでに、ステークホルダー論のな
かで、企業が多様な利害関係者を配慮すべき、さらに協議するべきとの議
論も、株主自治の範囲内ではあるが、広がっている。多様な利害関係者が
企業における経営事項への対等な交渉権を持つべきであるとの議論が必要
になっている。その際、多様な人権を保障するために、労働・社会運動で
の少数派の利害や交渉権が尊重されなければならない。CSRによって企業
を「自由な参加型民主主義の手段」に政治的に変革することは、重要な課
題になる。

　第4は、労働CSR論である。これを、著者達は、労働者を企業に「同化
する」イデオロギー的機能を持つ「新型アヘン」と評価する。しかし、労
働CSRは、資本による労働者を支配する手段として利用できるばかりでな
く、国が企業へ強制する労働基準の引き上げ、労働者が自ら企業等と交渉
し労働条件を改善する労働三権の実質・豊富化等の資本への規制の手段と
しても有効になりうる。さらに、働く人の「人間らしい、やりがいのある
仕事」をいかに生み出すかが、現代の課題になっている。多様な個人の尊
厳・個性を尊重する多元的な共生関係性のもとで「物質的および精神的富」
のための「人間的感覚」を形成するための、自由な諸個人がそれを自発的
に生み出す「アソシエーション」へ現代企業をいかに変革するかが、我々
に求められているのである。

　多くの人々がこの本を一読され、大きな論争が巻き起こることを期待し
たい。

　※本稿は、雑誌『経済』2019年9月号に掲載した書評を大幅に修正・加筆したも
　　のである。

（くにしま　ひろゆき／創価大学）

『電力産業の会計と経営分析』

谷江武士・田村八十一 編著、同文舘出版、2018年

山　田　雅　俊

1.　はじめに

　谷江武士・田村八十一編著『電力産業の会計と経営分析』同文舘出版、2018年（以下、本書）は、会計学・経営分析・経営学の視点から国内外の電力産業や原子力発電の実態とその課題を析出することを目的としている。本書の特徴は、会計制度や個別資本についての歴史的な視点や資本主義の矛盾を踏まえたうえで、電力産業や原子力発電の会計や実態を明らかにしようとするところにある。日本の電力エネルギーや原子力発電の廃炉・賠償、電気料金問題と関連する諸外国の動向を考察し、日本における電力産業とその会計の課題を検討している。以下では、このような本書における議論とそこから得られる示唆を本書の概要として紹介し、所感を述べる。

2.　本書の概要

　本書は、第Ⅰ部「電力産業の発展と会計」、第Ⅱ部「電力産業における原子力発電の経営分析」、第Ⅲ部「イギリス・フランス・ドイツの海外動向と日本の課題」からなっている。第Ⅰ部「電力産業の発展と会計」は、第1章「電力産業の発展と会計」（谷江武士稿）、第2章「電気料金の決定と会計」（高野学稿）、第3章「廃炉の会計」（山崎真理子稿）、第4章「電力産業と税制」（田中里美稿）の4つの章によって構成されている。第1章では、日本の電力産業の歴史を紹介しながら電力事業の会計制度の変遷を述べ、

第Ⅰ部の後続の章におけるテーマである、レートベース方式による総括原
価計算（第2章）の導入、原子力発電のバックエンド費用会計（第3章）の
形成、電源開発促進税法（第4章）の制定があった時期とそれらの背景を
示している。第2章では、電気事業における料金制度の変遷、10電力事業
者に課される規制料金の種類とその決定プロセス、小売規制料金の基礎と
なるレートベース方式による総括原価の計算方法を概観している。そのう
えで、東京電力を事例に、電気事業におけるレートベース方式による総括
原価について、その算定基準の1要素である営業費はブラックボックスで
あり「お手盛り」になっていたこと、算定基準のもう1つの要素である報
酬率は計算構造上の問題があること、を考察している。レートベース方式
による総括原価は2020年に撤廃される予定であり、その後は、資金調達コ
ストが保障されなくなることによる設備投資の低下と安定供給、ならびに
福島原発事故に対する損害賠償と廃炉にかかる費用の回収が課題になると
いう。第3章では、東京電力を事例に、日本における原子力発電の廃炉費
用の会計問題を引当金会計処理と資産除去債務の会計処理の観点から検討
している。廃炉費用は、原子力発電施設解体引当金（1980年代後半から
2010年3月まで）から資産除去債務（2010年4月）へと処理方法が変化し
ているが、どちらの方法も施設解体の総額を表示するものであり、個別の
原子力発電所の廃炉費用額や廃炉プロセスの説明はないという。福島原発
事故以後は、東京電力を救済することを目的とする制度改正が行われ、廃
炉作業中の施設を定額法による減価償却ができるようになった。その償却
費用は電気料金として回収されているという。資産性のない設備を消費者
が負担するかたちで償却処理することは通常の会計処理からかけ離れたも
のであるという。財務諸表における廃炉費用の情報開示の充実が課題であ
るという。第4章では、電力産業が負担する税金の支出先と、電力産業特
有の租税特別措置によって多額の積み立てが生じる仕組みと状況について
分析している。10電力会社が納めている税のうち、電源開発促進税、固定
資産税、事業税の金額が大きいが、これらの税は消費者が電気料金を通じ
て負担しているという。電源開発促進税は電源三法の裏付けをもって原子
力発電立地地域への交付金、原子力発電のための技術開発、日本原子力研

究開発機構の運営、原子力損害賠償支援機構に対する交付金として支出されているという。電力会社の租税特別措置の代表例として使用済燃料再処理準備金と原子力発電施設解体準備金を取り上げ、これらの準備金の積立額は費用計上されると同時に損金算入されること、またこれらの準備金の取崩額は益金算入されること、この損金と益金の差額が課税所得を縮小させて減税効果を生むことを明らかにしている。

　第Ⅱ部「電力産業における原子力発電の経営分析」は、第5章「原子力発電の経済性と安全性分析」（谷江武士稿）、第6章「東京電力の“実質国有化”と財務構造の分析」（田村八十一稿）、第7章「日本原燃と日本原子力発電の分析」（田村八十一・谷江武士稿）の3つの章によって構成されている。第5章では、東京電力における電源別発電費用を有価証券報告書や先行研究に基づいて算出し、1989年以降、原子力発電費は他の電源の発電費よりも高いこと、原子力発電費は年々高くなっていることを明らかにしている。原子力発電を推進するための技術開発や立地対策に交付金が投入されていることも考慮して、原子力発電は経済的に割に合わないとしている。また、原子力発電の事故による放射能の拡散や放射性廃棄物の危険性、天災による事故のリスク、廃炉処理の困難さと作業員の被ばくの問題など、原子力発電の安全性は他の電源の発電とは異質であること、原子力発電は安全性に問題があることを指摘している。福島原発事故と過去の核燃料サイクルの分野における事故により国内における原子力発電の安全神話は崩壊しているという。福島原発事故だけでなくスリーマイル島事故やチェルノブイリ原発事故などを背景として、世界の原子力発電政策は廃止の方向に向かっているという。第6章では、福島原発事故前後の東京電力の事業再編と「実質国有化」のプロセス、ならびに東京電力と同グループの財務構造の変化とファイナンスを分析している。この分析を通じて、東京電力（グループ）は①「『責任と競争』の両立」の下で「企業価値最大化」（＝利益獲得）を目指していること、②2011年の原発事故後に、大株主であり債権者である金融機関による資金供給や原子力損害賠償支援機構からの資本注入を受けることによって赤字計上しつつも破綻を免れたこと、③電力料金の値上げ＝消費者負担による収益の向上、金融機関への債務返済、

キャッシュの増大による内部留保の蓄積を実現している一方で、地域住民に対する賠償逃れ問題を起こしていること、さらに原発再稼働のために不足している資金を日本原子力発電社（以下、日本原子力発電）に財政的支援を行う方針であること、④こうした状況から東京電力（グループ）と金融機関は原発事故に対する責任を果たしていないこと、を明らかにしている。第7章では、日本の核燃料リサイクルについて、日本原燃株式会社（以下、日本原燃）の沿革、取引関係、資本関係、人的関係、財務構造の変化と損益計算上の問題を分析している。この分析を通じて、①原子力発電事業者である電力会社ないし電力産業が、取引関係では顧客として、資本関係では株主として、人的関係では役員派遣などを通して日本原燃を支配していること、②日本原燃の売上高や損益は極めて客観性に欠け、不透明な特質を有していること、③日本原燃は、2006年3月のアクティブ試験（使用済み燃料を用いた総合試験）以後、自己資本の増加と実質的な内部留保によって金融資産を以前よりも多く保有する財務構造に変化したこと、また、これらの財源は最終的には電力消費者に転嫁されていること、を明らかにしている。そのうえで、日本原燃の巨額な資金を安全対策や原発事故の補償や震災復興に当てるべきであり、核燃料リサイクルへの投資を続けるべきではないとしている。また、国内の原子炉の廃炉が決定されつつあるが、これによる日本原子力発電の破綻のリスク、および日本原子力発電の大株主であり取引先でもある電力会社の経営が圧迫されることによる電気料金値上げの可能性を指摘している。

　第Ⅲ部「イギリス・フランス・ドイツの海外動向と日本の課題」は、第8章「イギリスにおける再処理と廃炉の会計」（松田真由美稿）、第9章「フランスにおける再処理の会計」（金子輝雄稿）、第10章「ドイツにおける電力事業改革と配電事業の再公営化」（桜井徹稿）、第11章「再公営化におけるStadtwerke経営の実際：ハンブルク市を事例に」（桜井徹稿）、第12章「日本における電力産業と会計の課題」（谷江武士・田村八十一稿）の5つの章によって構成されている。第8章では、イギリス電力産業の事業体、特に使用済み核燃料の処理と原発の廃炉等の主要な事業体とその資本関係と資金調達の構造、ならびに会計処理の方法を考察している。これらの考察

によれば、イギリスの廃炉等会計は、より正確な見積もりを行おうとする一方で、未実現収益や引当金を含む会計情報が確実なキャッシュフローを伴うかのような錯覚を生み出しているという。イギリスの原発政策・原発事業は、経済合理性を重視する参入企業に譲歩して政府の廃炉負担額が増加しており、国民負担軽減という政策的意義からかけ離れているという。原発政策を今後も推進するならば、政府が企業の経済的要求をどこまで抑制できるかが課題であるという。第9章では、フランスの電力事業について、産業構造、核燃料の再処理とその会計的処理の視点から記述している。フランスでは、原発事業が基幹産業になっており、フランス電力公社が発送配電を、アレバ社が原子力発電事業を独占してきたという。フランス電力業界は、放射性廃棄物の削減と天然ウランの効率的利用を目的として使用済み核燃料の再処理事業を推進しているが、製造されたプルトニウムやMOX燃料は一部しか使用されず、在庫が年々蓄積されているという。フランスでは原子力関連事業者に原子力発電関連引当金の設定や専用資産のポートフォリオの創設の法的義務があるが、全体としてフランスの原子力関連事業の会計的処理は、日本のそれと類似しているという。フランスでもこれまでに原発事故が多発してきた一方で、電力自由化が段階的に進められている。しかし、アレバ社の実質的独占と政府による干渉が続いているため、自由化は達成されておらず、原子力発電のコストは不透明になっているという。前大統領（フランソワ・オランド）と現大統領（エマニュエル・マクロン）は原発依存度を削減する政策を掲げているが、いわゆる「原子力ムラ」が独占的に原発政策を決定・推進してきたため、脱原発が難しい状況にあるという。第10章では、ドイツにおける脱原発による再生可能エネルギーと料金問題、および分散型エネルギーシステム構築における地方公営企業の役割を考察し、日本への示唆を検討している。しばしば再生可能エネルギーの比重が高まると再生可能エネルギー賦課金が増加し、家庭用電力料金の値上がりにつながるという議論が見受けられるが、ドイツでは、再生可能エネルギーの普及・拡大は将来的に発電コストを低下させているという。再生可能エネルギーの大口使用者に対する様々な優遇措置があり、相対的に家庭電力の料金が高くなっている一方で、多くのド

イツ国民がそうした電力料金の値上がりも含めて再生可能エネルギーを受
容しているという。またドイツでは、電力事業の民営化の失敗と再公営化
に対する市民請願運動を背景として、2000年代に再公営化が実施され、地
方公営企業の役割が質的にも量的にも高まったという。電力事業の再公営
化の目的は、分散型エネルギーシステムの構築、地域経済の活性化、およ
び自治体財政収入の確保や交通事業の赤字補填やその他の公共サービスへ
の支出などである。これらの目的のうち特に地域経済の活性化とエネル
ギー転換に伴う分散型エネルギーシステムの構築について、地方公営企業
は困難を抱えているという。第11章では、再公営化後のハンブルク市にお
ける地方公営企業の事例を考察している。電力事業を再公営化したハンブ
ルク市では配電事業では投資と経営成績、電力料金とサービス、分散型エ
ネルギーの拡大において一定の成果を挙げているが、発電・小売部門は電
力量や顧客数、電力販売収入の点で「伸び悩んでいる」という。第12章で
は、前章までの議論も踏まえながら、日本の電力産業・企業について、①
廃炉費用と10電力事業者の保護、および②原発再稼働の視点から議論して
いる。①廃炉費用と10電力事業者の保護について、日本では、損害賠償や
廃炉費用、放射能廃棄物の処理費用などは電力料金を通じて消費者負担に
なっており、東電（グループ）とその株主である金融機関は責任を取って
いない。廃炉の会計処理として引当金や資産除去債務という科目を用いて
いるが、将来の廃炉費用の見積もりの客観性と、確定的な負債の認識とい
う点で疑問が残るという。福島原発事故後、日本政府は東電を破綻処理し
なかったが、ドイツの再公営化や地域分散モデルを参考にした再構築は1
つの代案であるという。②原発再稼働という論点について、事故による制
御不可能性、放射性廃棄物の超長期の管理困難性、被爆労働の不可逆性、
事故炉の廃炉技術の不存在、多発する事故による設備利用率の低さなど
様々な問題がある。諸外国が脱原発または原発の縮小と再生可能エネル
ギーの普及・拡大を目指す一方で、日本は福島原発事故後も原発の再稼働
や新設を前提とするエネルギー政策を進めている。（1）電力会社の原発コ
ストの回収、（2）化石燃料使用量の増加による「焚増しコスト」の節約、
（3）中東諸国に依存しないことによる天然ウラン・濃縮ウラン資源の「安

定供給」の確保、(4) アメリカ政府と日本政府の関係とその関係に規定された日本政府、電力会社、原発メーカーなどの「協調関係」による「日米原子力同盟」などが、日本の脱原発を阻んでいるという。日本の電力産業は、再生可能エネルギー発電の拡大と原発廃止を目指すべきであり、再生可能エネルギーが十分に普及するまでのつなぎ役として最新のLNG火力を石炭火力に代わって推進しなければならないという。

3. 所感

　以上の通り、本書は、政府のエネルギー政策や会計制度ならびに法制度に守られながら、合法的に発電、核燃料サイクル、廃炉等の電力事業の費用を消費者＝国民に負担させながら莫大な内部留保を蓄える一方で、福島原発事故の損害賠償を行わない電力産業・企業の実態を明らかにしている。また電力事業者とその大株主兼債権者である金融機関も危険で経済性のない原発事業の拡大と継続ならびに原発事故の損害賠償に責任を取っていないことを指摘している。東京電力や日本原燃に代表される日本の電力産業・企業の隠蔽体質と情報の不透明さを考慮すると、こうした実態を析出したことは高く評価できる。さらに、本書では、イギリスの事例から、原発事業は経済合理性を欠いていることが、フランスの事例から、原発政策を一部の事業者が独占して推進してきたことによる脱原発の困難さが、ドイツの事例から、移民運動を基盤とする地方公営企業による再公営化という方法が、それぞれ示唆された。このような欧州諸国の動向を踏まえながら国際比較と日本の課題の検討を行っている点も高く評価できる。
　しかし、残された課題もある。たとえば、日本の電力産業の実態をより深く理解するためには、アメリカの原子力政策や原発産業、化石燃料や火力発電の国際的動向に対する考察が必要と思われる。これらの考察は、本書ではほとんど行われなかった。また、本書は日本の電力産業の会計処理が通常の会計とはかけ離れていることを指摘しているが、業種別会計研究も行われていることから、電力産業の会計と日本の企業会計原則やIFAS等の国際会計基準との関連について考察する必要がある。最後に、本研究の

経営学や会計学に対する理論的な貢献が明確でない。これは、本書が電力産業とその会計の実態を析出することに専念しているが故に残された課題である。これらの課題が残るものの、電力産業の実態を析出している本書を多くの人に薦めたい。

（やまだ　まさとし／駒澤大学）

Sustainable Production and Women's Human Rights: The Case of South Asian (Bangladeshi and Indian) Garment Workers

Hanako NAGATA （Ibaraki University）

This paper focuses on the aspect of sustainable production within the Sustainable Development Goals, which consist of 17 goals and 169 targets from the perspective of respecting women's human rights. Concretely, the objectives of this paper are to disclose how the female labour force is incorporated in the production and labour processes of cheap clothing, and to explain the types of labour environment in which women work. We intend to examine the two cases of Bangladesh, which is part of the global supply chain, and West Bengal, India, which focuses on the domestic supply chain.

This paper reveals the following points. In the case of Bangladesh, the organisation of the factory is gender asymmetrical. This leads to low wages for the Bangladeshi female labour force and creates a situation, in the case of a Japanese Bangladeshi factory, where women have no prospect of promotion. In addition, recent years have seen continued violence against female garment workers and ongoing violation of their human rights. Furthermore, disasters attributable to "human error", such as the Rana Plaza collapse, are still occuring.

On the other hand, in the case of West Bengal, India, many home-based workers, the majority of whom are women, are engaged in essential processes, including thread cutting. However, regardless of the size of their workload, their wages remain far below the salaries of garment workers employed in the factories. Women's low wages lead to less decision-making power in the household, and more vulnerability.

The thing to understand from both of these cases is that the present production systems are based on gender inequality not only in garment factories but throughout the society. We argue that this present situation is a far cry from what could be considered as "sustainable" production.

If this is the case, what must we do to achieve sustainable production while respecting women's human rights? This paper asserts that it is insufficient to simply adhere to United Nations frameworks such as the Global Compact, the Guiding Principles on Business and Human Rights, Children's Rights and Business Principles, and so on. This paper points out the need to act in the following five areas. First, we need to promote gender equality throughout society; second, eradicate all forms of violence against women; third, create decent work; fourth, guarantee not a minimum wage but a "decent" living wage for all workers, including home-based workers and, finally, recognise, reduce and redistribute unpaid domestic work.

Education and labor for growing the leaders of the achievement of the SDGs: Thinking through examples of practical education in social business

Takanobu FUJIWARA（Chikushi Jogakuen University）

There is the word "ESD for SDGs". It means that ESD is necessary to achieve the SDGs.

ESD is an abbreviation for Education for Sustainable Development, and SDGs is an abbreviation for Sustainable Development Goals. The SDGs are international targets adopted by the United Nations Summit (Sustainable Development Summit) in September 2015, with a deadline of 2030. The SDGs consist of 17 goals (Goal). Currently, governments, companies, local governments, NPOs, and NGOs are working together to achieve their goals. However, in order to realize the SDGs, it is essential to take concrete actions and develop human resources who can take such actions.

This paper introduces the activities of Fujiwara Seminar at Chikushi Jogakuen

University as a case study of "ESD for SDGs", that is, human resource development for realizing a "sustainable society". Through this, I am creating opportunities to think about the future of university education.

Students belonging to Fujiwara Seminar are studying "social business" that solves various social issues in modern society using business methods. Students are learning social business through "theory and practice". Students not only study books, but also create and practice their own business models. It is a social business that aims to support Nepalese children in education and support women independence. (The name of the activity is "Smile for Nepal"). Students buy goods hand-made by women in Nepal and sell them in Japan. With the benefit, students are working on educational support for children in Nepal (stationery support and construction of school buildings). Students cooperate with each other and learn deeply by teaching each other.

I explain the above contents using photos of actual activities. And I analyze how such activities relate to the achievement of the SDGs, and how they relate to the development of human resources needed to achieve the SDGs. In the future, it will be necessary to reform university education from the viewpoint of "ESD for SDGs".

Regional SMEs and Regional Economic Circulation: Toward Sustainable Regional Communities

Atsutami YAMAMOTO（Nihon University）

In recent years, the decline of regional economies and population in Japan has become more severe. Particularly, residents of rural areas are concerned about whether they can continue living there.

Against this backdrop, the "Sustainable Development Goals (SDGs) Promotion Headquarters" was established in Japan. One of the goals of this headquarters is to revitalize regional economies and develop sustainable regions where people can continue to live. However, no specific steps have been laid out, and only conventional national land plans and industrial policies have been listed.

Previous studies have argued that in order to develop sustainable regions where people can continue living, it is necessary to induce "endogenous development" and bring about "regional economic circulation." However, this alone is insufficient because in recent years, social infrastructure, such as roads, bridges, and water pipes, has become obsolete in several areas, making it difficult for people to live there. To develop sustainable regions, it is necessary to not only foster a regional construction industry that will maintain social infrastructure but also develop "regional economic circulation." Further, consumer retail stores and medical/welfare facilities need to be established in each region.

Business Management on SDGs And Dispersion Type Power Generation System in Japan

Masatoshi YAMADA（Komazawa University）

Sustainable development goals（SDGs）which are the targets until 2030 in the international society include Goal 7;“Use only energy efficient appliances and light bulbs.”Using renewable energy with dispersion type power generation system is attracting attention as a response to climate change and a measure of the circular economy. Japanese government maps out the idea for restoring traditional type power generation system largely depending on fossil fuel and nuclear, while dealing with SDGs. This energy policy is unsatisfactory regarding global trends on power generation system.

This paper discusses Japanese SDGs models and business management challenges in reference to Goal 7 of SDGs. Through considering the cases of Japanese SGDs models; Shimokawa city, Hokkaido and Kitakyushu city, Fukuoka, the followings are revealed. First, Japanese government employs SDGs requirements as means of developing regional revitalization policy. Second, Japanese SDGs models, represented by Shimokawa city and Kitakyushu city, are based on community resources cultivating historically in the regions and elemental technologies for dispersion type power generation system developed under the competing environmental management of the firms. Third, regional revitalization policy and dispersion type power generation system in each community become required the substantial contributions to SDGs, primarily aiming at development of local society and improving of the quality of life of the inhabitants.

This paper concludes that the business challenge is to craft management solving local and international problems simultaneously, and environmental management establishing sustainable relationship between business and society.

Personnel Networks of Interlocking Directorates of German Large Enterprises in the Banking Sector, Iron and Steel Industry, Chemical Industry, Electrical Industry, and Automobile Indusytry: The Cases of Deutsche Bank, August Thysse-Hutte, BASF, Siemens, and Daimler-Benz

Toshio YAMAZAKI （Ritsumeikan University）

Big business systems based on relationships between industries and banks and between industrial enterprises were the cornerstone of German capitalism's accumulation structure, and they were important to postwar Germany's corporate development. A core element of such inter-firm relationships can be observed in personnel connection through interlocking directorates among enterprises. In many cases, members of the supervisory boards of several other enterprises where supervisory board members of a company have interlocking mandates also hold many posts of third-party enterprises. In such cases, the personnel network through interlocking directorates including second-party and third-party enterprises is established. Such a system played significant roles in exchanging information and coordinating interests between industry and banks and among enterprises. Using the methodology of social network analysis, this paper considered personnel networks of representative large enterprises in major industries. It examines conditions in the period after the enactment of the 1965 Corporations Law that regulated the number of supervisory board positions that one person may hold will be considered. The cases of Deutsche Bank, August Thyssen-Hutte AG, BASF, Siemens, and Daimler-Benz in the late 1960s are analyzed.

How does the minimum wage affect to the employment in Taiwan? : Focusing on Food Service Industry

Shunichiro KOKUBU (Daito Bunka University)

Taiwan government (Republic of China in Taiwan) has continuously raised its minimum wage after the year of 2007 to now (2019). Above all, after Tsai Ing-wen taken presidency, the government has sharpened the rate of raising minimum wage. This study tries examining how the sharp raise of minimum wage affects to the employment, in food service industry.

Taiwanese government has established the minimum wage not only for hourly but also for monthly, and these rates are independent each other. In fact, nearly ninety percent of workers in Taiwan are paid monthly. But in food industry, 38% of young workers paid hourly so that, the industry is the most suitable to know the impact of raising minimum wage both hourly and monthly. In addition, the huge proportion of workers in food industry engage in sales and service jobs which typically paid low wage, that is, nearly minimum wage. These are reasons why this study particularly focuses on food industry.

Monthly wage in Taiwan is strongly affected by the workers' educational background. Therefore, the raise of minimum wage directly pulls up the wage of high school graduates', but employers will not raise the wage of university graduates' in same rate. Consequently, the gap of high school graduates' wage and university graduates' wage has shrunken gradually.

Taiwan government is raising minimum wage more sharply than monthly one. So, it is natural to hypothesize that employers will decrease hourly paid workers and increase monthly paid. However, this study finds that employers in food service industry have changed employment systems more suitable for employing more hourly (part-time) workers rather than monthly (full-time) workers.

Exploring Emergent Value Creation in Local Communities: Kamiyama Town, Tokushima Prefecture

Eiji TOKOZAKURA（Tokushima Bunri University）

The town of Kamiyama is the home of the "Tokushima Satellite Office Project"—a public-private partnership project that is designed to attract satellite offices (such as IT companies) from urban areas to depopulated areas. It is attracting attention throughout the country as a region that fosters "emergent value creation activities"—a phenomenon where the interaction of diverse actors creates new value beyond initial expectations. The main purpose of this study is to clarify why depopulated areas of Japan, including Kamiyama, foster such emergent value creation. To this end, I considered the following two variables: local leadership styles and regional communication platforms that promote the cooperation of various actors. Based on these considerations, I present a new analytical model for better understanding this phenomenon: the "Dynamic Regional Platform Leadership Model." It includes the following two hypotheses. First, a blend of shared and transformational leadership is an effective method for revitalizing a declining local community. Second, after innovative regeneration has been realized, a combination of shared and servant leadership becomes effective. Subsequently, I test the validity of this analytical model on Kamiyama, using the town as a case study. I conclude that the model is generally valid. In the future, in addition to the case of Kamiyama, I will also analyze local communities in other regions and pursue the refinement and versatility of the "Dynamic Regional Platform Leadership Model." This is because I believe that it can contribute to the realization of sustainable communities.

『比較経営研究』 投稿規程

2004 年 9 月　4 日制定
2007 年 5 月 12 日改正
2011 年 5 月 13 日改正
2015 年 5 月　9 日改正

1) 投稿資格
　原則として、当学会会員とする。

2) 投稿内容
　経営の比較研究に関する学術論文（以下論文、大会報告にもとづく論文のほか、自由投稿論文も含む）、研究ノート、大会ワークショップ、ミニシンポ等の記録、書評等とし、未発表のものに限る。二重投稿は厳に禁止する。

3) 原稿字数
　論文および研究ノートは 20,000 字（英文の場合は 7,500 語）以内、大会ワークショップ、ミニシンポ等の記録および書評は 7,000 字（英文の場合は 2,550 語）以内とする。この文字数には、本文のほかに図表、注、参考文献も含まれるものとする。

4) 使用言語
　審査および印刷の関係上、使用言語は日本語、英語のいずれかとする。
　使用言語が母語でない場合は、使用言語を母語とする者の点検を受けたうえで原稿を提出すること。十分な点検を受けていない原稿は受理しない。

5) 執筆要領
　別に定める執筆要領にしたがうこととする。

6) 原稿審査
　論文あるいは研究ノートとして提出された原稿は、統一論題報告にもとづく論文を除き、審査の上掲載を決定する。原稿の審査は、1 篇につき編集委員会が依頼する 2 名の会員により行う。なお、審査の過程において、編集委員会より、原稿の手直しや、論文から研究ノートへの変更を求めることがある。この求めに投稿者が同意できない場合、投稿者は原稿の投稿自体を取り消すことができる。

7) 投稿方法
　論文あるいは研究ノートの投稿希望者は、学会誌発行前年の 8 月末日までに、氏名、所属、職名（大学院生の場合は課程、学年など）、住所、電話、Fax、e-mail アドレス、論文・研究ノート・書評などの別を書き、「執筆要領」に定める数の原稿とファイルとともに編集委員会に投稿すること。その他の原稿については、学会誌発行前年の 9 月末日までに投稿すること。

8) 規程の施行と改正
　本規程は、2004 年 9 月 4 日より施行する。
　本規程は、2007 年 5 月 12 日に一部を改正した。
　本規程は、2007 年 5 月 12 日より施行する。
　本規程は、2011 年 5 月 13 日に一部を改正した（3）および 7））。
　本規程は、2011 年 5 月 13 日より施行する。
　本規程は、2015 年 5 月 9 日に一部を改正した。
　本規程は、2015 年 5 月 9 日より施行する。
　本規程改正は、理事会の承認によって行う。

『比較経営研究』 執筆要領

1) 原稿用紙は A4 用紙を使用し、1頁あたり40字×30行、横書きとする。活字は10.5ポイントのものを使用する。英文の場合は A4 用紙にダブル・スペースで印字する。

2) 英文アブストラクト（30行以内）を巻末に一括して掲載するので、執筆者は英語を母語とする人からチェックを受けたものを用意し、最初のページに添付する。

3) 統一論題報告をもとにした論文や書評を投稿する者は印刷した原稿1部と電子ファイルを、それ以外の論文や研究ノートを投稿する者はレフリー制度に基づき編集するため原稿3部と電子ファイルを、編集事務局宛に送付するものとする。付表は、必ず原稿の本文中か、末尾に一括して綴じるものとする。

4) タイトル・目次・本文について
   イ) 本文の冒頭にタイトル、氏名、勤務先を付記する。例「経営太郎（比較大学)」
   ロ) 査読の対象となる投稿の場合には、原稿には氏名、勤務先を付記せずに、別紙に連絡先（住所・電話番号・e-mail）とあわせ記載し、原稿とともに提出する。
   ハ) 章・節・項の見出しは、それぞれ1、(1)、①とし、「項」以下の見出しはa)、b)、c)とする。
   ニ) 大学院生の場合は所属を「経営太郎（比較大学・院)」とする。

5) 注・文献リストについて
   イ) 本文中、当該箇所の右肩に1)、2) のようにつける。
   ロ) 注および文献リストは、本文の文末にまとめて付す。
   ハ) 一つの注のなかで複数の文献を列挙するときは、長くなる場合でも改行をしないことを原則とする。

6) 図表について
   イ) 図および表はそのまま印刷できるよう鮮明なものを用意する。印刷所で新たに作る場合は実費負担を求めることもある。
   ロ) 図表の番号と標題を、図の場合は図の下に、表の場合は表の上に記す。図1、図2、表1、表2のように図表は別々に、一連の番号を用いる。
   ハ) 図や表の典拠などは図や表の下に注記する。

○ 著者校正を実施するが、編集上の重大な誤りを防ぐ目的であり、新たな文章を加えないものとする。
○ 予め決められた原稿字数と原稿締め切り日を厳守するものとする。
　［付則］2004年度第2回理事会（2004年9月 4 日）改正
　［付則］2007年度第3回理事会（2007年5月12日）改正
　［付則］2010年度第2回理事会（2011年5月13日）改正（3) の一部)
　［付則］2016年度第2回理事会（2017年5月12日）改正（1) 2) 5) および○の一部)
　　　　ならびに追加（6))

編集後記

『比較経営研究』第44号が刊行の運びとなりました。本号は、2019年5月10日（金）〜12日（日）の日程で、徳島文理大学（徳島県）にて開催された日本比較経営学会第44回全国大会における統一論題「持続可能な社会と企業経営—地域からみたSDGs（持続可能な開発目標）—」での報告と自由論題セッションやシンポジウムでの報告をベースとしております。

特集の冒頭の日高会員と國島会員による論考は、特集趣旨説明として編集委員会が寄稿を依頼したものです。また、長田華子会員、藤原隆信会員、山本篤民会員、山田雅俊会員による論文は、統一論題報告をもとにしたものであり、編集委員会が寄稿を依頼したものです。

シンポジウムについては、編集委員会の依頼により、「SDGsを徳島から考える—ディーセント・ライフのための産学協同—」の総括をコーディネーターの村上了太会員が寄稿したものです。

また、自由論題で報告された山崎敏夫会員、國府俊一郎会員による論文は、査読を経て掲載決定したものです。加えて、公開シンポジウム・徳島文理大学総合政策学部創立20周年記念セッションで報告された床桜英二会員による論文は、査読を経て研究ノートとして掲載決定したものです。

書評は、2会員の著書を対象として取り上げ、専門が近い会員に依頼したものです。

『比較経営研究』第44号の刊行にあたりまして、投稿してくださった会員の皆様ならびに、ご多忙の中、査読をお引き受けくださった会員の皆様に心より御礼申し上げます。

また、文理閣編集長山下様ならびに編集委員各位には多大なご協力を賜り厚く御礼申し上げます。最後に、前委員長の齋藤敦会員には編集プロセスを通してご助言を賜り、刊行に至ることができ重ねて御礼申し上げます。

2020年3月

日本比較経営学会　学会誌編集委員会委員長　鈴木由紀子

日本比較経営学会

Japan Association for Comparative Studies of Management

　「企業経営の理論と現実を市場・社会体制との関連で比較研究する」ことを目的に、1976年4月創立された。年次研究大会、部会の開催および学会誌の刊行などの研究交流事業を行っている。本学会はこれまでに『会社と社会―比較経営学のすすめ―』（文理閣、2006年）、その英語版である Business and Society - New Perspective for Comparative Studies of Management, Bunrikaku Publisher, 2007 などを刊行してきた。

　本学会の概要、加入方法、連絡先については以下の本学会ホームページに掲載している。http://www.soc.nii.ac.jp/jacsm/index.html

持続可能な社会と企業経営 —地域からみたSDGs—
比較経営研究　第44号

2020年4月20日　第1刷発行

編　者　日本比較経営学会

発行者　黒川美富子

発行所　図書出版　文理閣
　　　　　京都市下京区七条河原町西南角　〒600-8146
　　　　　電話 075-351-7553　FAX 075-351-7560

ISBN978-4-89259-865-4